하루 두 시간 한 달 완성~ 입에 착! 시험에 착!

착! 붙는
태국어
독학 첫걸음

저 황정수

시사 Books

머리말

오늘부터 태국어를 배울 생각이십니까?

이 책은 태국어를 좀 더 쉽고 재미있게 배우시길 바라는 초급 학습자를 위한 책입니다. 꼭 필요한 단어와 문법을 이해하기 쉽게 설명하였고, 기초적인 대화문을 통해 문장을 익히고, 또한 교체 연습을 통해 태국어 구사 능력을 키울 수 있도록 하였습니다. 단순한 암기보다는 단어 교체를 통해 다양한 표현을 익힐 수 있습니다. 그리고 듣기, 말하기, 읽기 및 쓰기 표현에 목적을 두고 연습할 수 있게 초점을 맞춘 책입니다.

태국어는 문자가 낯설고, 성조 부분이 어렵다고 생각하는 사람들이 많습니다. 초보 학습자를 위해 5과까지는 전체 대화문에 한국어 발음과 성조 표기를 해 두었습니다. 6과부터는 태국 문자와 발음을 익히기 위해 한국어 발음 표기를 하지 않았습니다. 태국어의 정확한 성조를 내기 위해서 발음은 원어민의 음성 파일을 통해 듣고 연습하여 전체 성조에 익숙해질 수 있게 하였으며, 자연스러운 회화의 억양을 익힐 수 있을 것입니다.

태국어를 시작하시는 여러분, '착! 붙는 태국어 독학 첫걸음'을 통해 태국어에 흥미를 가지고 지속적으로 태국어를 배울 수 있는 출발점이 되기를 기대해 봅니다. 마지막으로, 이 책이 나오기까지 많은 관심과 도움을 주신 분들께 감사드립니다.

이 책의 활용법

도입
태국어 학습의 기본기를 다질 수 있도록 문자, 발음, 그리고 성조에 대해서 상세하게 설명하였습니다.

대화
실생활에서 유용한 표현을 배울 수 있도록 대화 구문을 구성하였으며, 대화 구문에 대한 상세한 설명을 제시하여 혼자서도 학습하기 쉽습니다. 또한 다양한 교체 연습을 통해 말하기 연습도 가능합니다.

실전 회화
앞에서 배운 구문을 활용하여 확장된 회화문을 익힐 수 있으며 다시 한 번 구문을 반복하여 학습할 수 있습니다.

연습문제
듣기, 말하기, 읽기, 쓰기 영역의 연습문제를 통해 배운 내용을 스스로 점검할 수 있습니다.

복습하기
핵심 구문을 한 번 더 확인하여 복습할 수 있습니다.

문화 엿보기
태국과 관련된 생생한 정보나 문화 등을 제시하여
학습에 재미를 더하였습니다.

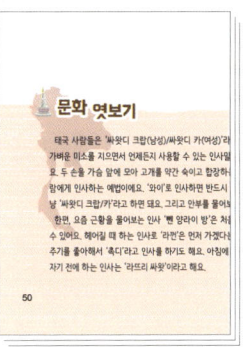

원어민 음성 MP3 QR
대화 부분을 원어민 발음으로 직접 들어 보면서 공부할 수 있습니다.
음성 파일을 들으면서 좀 더 정확하게 원어민 발음에 익숙해질 수 있고
청취 실력도 향상시킬 수 있습니다.

동영상 강의
동영상 강의를 들으면서 학습의 효율성을 높일 수 있습니다.
알짜 내용만 핵심적으로 강의를 들을 수 있습니다.

*www.sisabooks.com 에서 MP3 무료 다운 및 동영상 강의 시청을 하실 수 있습니다.

목차

머리말 3
이 책의 활용법 4
학습 구성표 8

00 도입 11

01 인사 43

02 자기소개 51

03 감사 표현 59

04 사과 표현 67

05 대상 묻기 75

06 위치 묻기 83

07 직업 91

08 시간 표현 99

09 개인 신상 107

10 날짜 표현 115

6

11	요일	123
12	가족 소개	131
13	취미	139
14	음식	147
15	디저트	155
16	여가 생활	163
17	쇼핑	171
18	증상과 처방	179
19	계절과 일기예보	187
20	쏭끄란 축제	195

부록
- 연습문제 정답 204
- 여행 태국어 212
- 필수 어휘 216
- 어휘 정리 222

학습 구성표

DAY	UNIT	대화 포인트	어법 포인트
1 DAY	발음1		중자음, 고자음, 저자음
2 DAY	발음2		단모음, 장모음
3 DAY	발음 규칙1		결합 자음
4 DAY	발음 규칙2		변형 모음
5 DAY	성조1		유형 성조
6 DAY	성조 2		무형 성조
7 DAY	복습		
8 DAY	01 인사	• 안녕 • 잘 가요	크랍/카(남/여 공손어) 인칭대명사
9 DAY	02 자기소개	• 이름이 뭐예요? • 만나서 반가워요	의문사 อะไร 의문사 ไหน
10 DAY	03 감사 표현	• 에어컨을 좀 꺼 주세요 • 고마워요	부탁 표현 ช่วย 문장 어순
11 DAY	04 사과 표현	• 시끄럽게 해서 미안해요 • 괜찮아요	요구 표현 ขอ 수식사 ที่
12 DAY	05 대상 묻기	• 저 사람은 나의 친한 친구예요 • 이것은 태국어로 뭐라고 하나요?	동사 เป็น / คือ 지시대명사/지시형용사 수식사 ว่า
13 DAY	복습		
14 DAY	06 위치 묻기	• 당신의 집은 어디에 있어요? • 당신의 고향은 어디예요?	동사 อยู่ / ไม่อยู่ 장소를 나타내는 전치사 ที่
15 DAY	07 직업	• 그는 무슨 일을 해요? • 그는 어디서 일해요?	동사 เป็น / ไม่ใช่ 의문사 ที่ไหน

DAY	UNIT	대화 포인트	어법 포인트
16 DAY	08 시간 표현	• 오후 2시예요 • 2분 느려요	의문사 กี่ 태국어 시간 표현 태국 숫자와 고유 숫자
17 DAY	09 개인 신상	• 실례지만, 몇 살이세요? • 당신보다 나이가 많아요	의문사 เท่าไร 비교급 กว่า
18 DAY	10 날짜 표현	• 내일은 며칠이죠? • 생일이 언제예요?	날짜 표현(어순) 의문사 เมื่อไร
19 DAY		복습	
20 DAY	11 요일	• 내일은 무슨 요일이에요? • 이번 금요일에 태국 요리를 배우러 갈 거예요	요일/ 시간 부사구 미래 조동사 จะ
21 DAY	12 가족 소개	• 형제자매가 있어요? • 자녀가 있어요?	과거 조동사 แล้ว / ยังไม่ได้ 수량사 คน 의문조사 หรือยัง / ไหม
22 DAY	13 취미	• 취미가 뭐예요? • 저의 취미는 골프입니다	동사 ชอบ 동사 เล่น
23 DAY	14 음식	• 뭘 먹고 싶어요? • 맛이 어때요?	조동사 อยาก 접두사 น่า
24 DAY	15 디저트	• 더 먹을래요? • 음료는 뭐로 하실래요?	요구 ขอ~หน่อย 수량사 ชิ้น
25 DAY		복습	

DAY	UNIT	대화 포인트	어법 포인트
26 DAY	16 여가 생활	• 퇴근 후 오늘 어디에 가요? • 새 휴대폰을 같이 사러 가 줘요	연계 동사의 어순 수량사 **เครื่อง**
27 DAY	17 쇼핑	• 신어 봐도 돼요? • 잘 맞아요?	가능 조동사 **ได้ / เป็น / ไหว**
28 DAY	18 증상과 처방	• 증상이 어때요? • 약을 3일 동안 드세요	가정 조동사 **ถ้า** 사역 조동사 **ให้** 인과 접속사 **เพราะ / จึง**
29 DAY	19 계절과 일기예보	• 어느 계절을 가장 좋아해요? • 내일 비가 많이 올 거래요	최상급 **ที่สุด** 접속사 **และ / แต่**
30 DAY	20 쏭끄란 축제	• 쏭끄란 축제에 가 본 적 있어요? • 치앙마이에 가려면 어떻게 가야 하나요?	경험 조동사 **เคย** 의무 조동사 **ต้อง / ควร**
31 DAY		복습	

꺼 사무이 앙텅 국립 해양 공원

UNIT 00

도입

학습포인트

· 문자와 발음

문자

1 자음 – 중자음, 고자음, 저자음에 따른 분류 🎧 Track 001

중자음	ก จ ฎ ฏ ด ต บ ป อ
고자음	ข ฃ ฉ ฐ ถ ผ ฝ ศ ษ ส ห
저자음	ค ฅ ฆ ช ซ ฌ ฑ ฒ ท ธ พ ฟ ภ ฮ ง ญ ณ น ม ย ร ล ว ฬ

○ 반모음 자음 : ย과 ว은 자음이지만 모음의 성질을 가져서 반모음 자음이라고 합니다.

○ 모음의 형태로 사용되는 자음 : อ[어], ย[이], ว[우]

○ 종자음으로 사용되지 않는 자음 : ฉ, ฌ, ผ, ฝ, ห, อ, ฮ

○ 현재 사용하지 않는 자음 : ฃ, ฅ

2 쓰기

2.1 중자음 쓰기

ก	ก	ก	ก	ก	ก	ก	ก
	ก	ก	ก	ก	ก	ก	ก
จ	จ	จ	จ	จ	จ	จ	จ
	จ	จ	จ	จ	จ	จ	จ
ฎ	ฎ	ฎ	ฎ	ฎ	ฎ	ฎ	ฎ
	ฎ	ฎ	ฎ	ฎ	ฎ	ฎ	ฎ

ฎ	ฎ	ฎ	ฎ	ฎ	ฎ	ฎ	ฎ
	ฎ	ฎ	ฎ	ฎ	ฎ	ฎ	ฎ
ด	ด	ด	ด	ด	ด	ด	ด
	ด	ด	ด	ด	ด	ด	ด
ต	ต	ต	ต	ต	ต	ต	ต
	ต	ต	ต	ต	ต	ต	ต
บ	บ	บ	บ	บ	บ	บ	บ
	บ	บ	บ	บ	บ	บ	บ
ป	ป	ป	ป	ป	ป	ป	ป
	ป	ป	ป	ป	ป	ป	ป
อ	อ	อ	อ	อ	อ	อ	อ
	อ	อ	อ	อ	อ	อ	อ

2.2 고자음 쓰기

ข	ข ข ข ข ข ข ข
	ข ข ข ข ข ข ข
ฉ	ฉ ฉ ฉ ฉ ฉ ฉ ฉ
	ฉ ฉ ฉ ฉ ฉ ฉ ฉ
ฐ	ฐ ฐ ฐ ฐ ฐ ฐ ฐ
	ฐ ฐ ฐ ฐ ฐ ฐ ฐ
ถ	ถ ถ ถ ถ ถ ถ ถ
	ถ ถ ถ ถ ถ ถ ถ
ผ	ผ ผ ผ ผ ผ ผ ผ
	ผ ผ ผ ผ ผ ผ ผ
ฝ	ฝ ฝ ฝ ฝ ฝ ฝ ฝ
	ฝ ฝ ฝ ฝ ฝ ฝ ฝ

ศ	ศ	ศ	ศ	ศ	ศ	ศ	ศ
	ศ	ศ	ศ	ศ	ศ	ศ	ศ
ษ	ษ	ษ	ษ	ษ	ษ	ษ	ษ
	ษ	ษ	ษ	ษ	ษ	ษ	ษ
ส	ส	ส	ส	ส	ส	ส	ส
	ส	ส	ส	ส	ส	ส	ส
ห	ห	ห	ห	ห	ห	ห	ห
	ห	ห	ห	ห	ห	ห	ห

2.3 저자음 쓰기

ค	ค	ค	ค	ค	ค	ค	ค
	ค	ค	ค	ค	ค	ค	ค
ฆ	ฆ	ฆ	ฆ	ฆ	ฆ	ฆ	ฆ
	ฆ	ฆ	ฆ	ฆ	ฆ	ฆ	ฆ

ช	ช	ช	ช	ช	ช	ช	ช
	ช	ช	ช	ช	ช	ช	ช
ซ	ซ	ซ	ซ	ซ	ซ	ซ	ซ
	ซ	ซ	ซ	ซ	ซ	ซ	ซ
ฌ	ฌ	ฌ	ฌ	ฌ	ฌ	ฌ	ฌ
	ฌ	ฌ	ฌ	ฌ	ฌ	ฌ	ฌ
ฑ	ฑ	ฑ	ฑ	ฑ	ฑ	ฑ	ฑ
	ฑ	ฑ	ฑ	ฑ	ฑ	ฑ	ฑ
ฒ	ฒ	ฒ	ฒ	ฒ	ฒ	ฒ	ฒ
	ฒ	ฒ	ฒ	ฒ	ฒ	ฒ	ฒ
ท	ท	ท	ท	ท	ท	ท	ท
	ท	ท	ท	ท	ท	ท	ท
ธ	ธ	ธ	ธ	ธ	ธ	ธ	ธ
	ธ	ธ	ธ	ธ	ธ	ธ	ธ

พ	พ	พ	พ	พ	พ	พ	พ
	พ	พ	พ	พ	พ	พ	พ
ฟ	ฟ	ฟ	ฟ	ฟ	ฟ	ฟ	ฟ
	ฟ	ฟ	ฟ	ฟ	ฟ	ฟ	ฟ
ภ	ภ	ภ	ภ	ภ	ภ	ภ	ภ
	ภ	ภ	ภ	ภ	ภ	ภ	ภ
ฮ	ฮ	ฮ	ฮ	ฮ	ฮ	ฮ	ฮ
	ฮ	ฮ	ฮ	ฮ	ฮ	ฮ	ฮ
ง	ง	ง	ง	ง	ง	ง	ง
	ง	ง	ง	ง	ง	ง	ง
ญ	ญ	ญ	ญ	ญ	ญ	ญ	ญ
	ญ	ญ	ญ	ญ	ญ	ญ	ญ
ณ	ณ	ณ	ณ	ณ	ณ	ณ	ณ
	ณ	ณ	ณ	ณ	ณ	ณ	ณ

น	น	น	น	น	น	น	น
	น	น	น	น	น	น	น
ม	ม	ม	ม	ม	ม	ม	ม
	ม	ม	ม	ม	ม	ม	ม
ย	ย	ย	ย	ย	ย	ย	ย
	ย	ย	ย	ย	ย	ย	ย
ร	ร	ร	ร	ร	ร	ร	ร
	ร	ร	ร	ร	ร	ร	ร
ล	ล	ล	ล	ล	ล	ล	ล
	ล	ล	ล	ล	ล	ล	ล
ว	ว	ว	ว	ว	ว	ว	ว
	ว	ว	ว	ว	ว	ว	ว
ฬ	ฬ	ฬ	ฬ	ฬ	ฬ	ฬ	ฬ
	ฬ	ฬ	ฬ	ฬ	ฬ	ฬ	ฬ

자음과 모음

1 자음의 명칭과 음가 Track 002

순서	자음	대표 단어	명칭	초자음 음가	종자음 음가
1	ก	ไก่	꺼- 까이	ㄲ	ㄱ
2	ข	ไข่	커- 카이	ㅋ	ㄱ
3	ฃ	ขวด	커- 쿠엇	ㅋ	ㄱ
4	ค	ควาย	커- 콰-이	ㅋ	ㄱ
5	ฅ	ฅน	커- 콘	ㅋ	ㄱ
6	ฆ	ระฆัง	커-라캉	ㅋ	ㄱ
7	ง	งู	응어- 응우-	응(ng)	ㅇ
8	จ	จาน	쩌- 짠-	ㅉ	ㅅ
9	ฉ	ฉิ่ง	처- 칭	ㅊ	-
10	ช	ช้าง	처- 창-	ㅊ	ㅅ
11	ซ	โซ่	써- 쏘-	ㅆ	ㅅ
12	ฌ	เฌอ	처- 츠어(츠ㅓ-)	ㅊ	_
13	ญ	หญิง	여- 잉	이(y)	ㄴ
14	ฎ	ชฎา	더- 차다-	ㄷ	ㅅ
15	ฏ	ปฏัก	떠- 빠딱	ㄸ	ㅅ
16	ฐ	ฐาน	터- 탄-	ㅌ	ㅅ
17	ฑ	มณโฑ	터- 몬토-	ㅌ	ㅅ
18	ฒ	ผู้เฒ่า	터- 푸-타오	ㅌ	ㅅ
19	ณ	เณร	너- 넨-	ㄴ	ㄴ
20	ด	เด็ก	더- 덱	ㄷ	ㅅ
21	ต	เต่า	떠- 따오	ㄸ	ㅅ

22	ถ	ถุง	터- 퉁	ㅌ	ㅅ
23	ท	ทหาร	터- 타한-	ㅌ	ㅅ
24	ธ	ธง	터- 통	ㅌ	ㅅ
25	น	หนู	너- 누-	ㄴ	ㄴ
26	บ	ใบไม้	버- 바이 마-이	ㅂ	ㅂ
27	ป	ปลา	뻐- 쁠라-	ㅃ	ㅂ
28	ผ	ผึ้ง	퍼- 픙	ㅍ	-
29	ฝ	ฝา	풔- 퐈-	ㅍ(f)	-
30	พ	พาน	퍼- 판-	ㅍ	ㅂ
31	ฟ	ฟัน	풔- 퐌	ㅍ(f)	ㅂ
32	ภ	สำเภา	퍼- 쌈파오	ㅍ	ㅂ
33	ม	ม้า	머- 마-	ㅁ	ㅁ
34	ย	ยักษ์	여- 약	이(y)	이
35	ร	เรือ	러- 르아	ㄹ(r)	ㄴ
36	ล	ลิง	러- 링	ㄹ(l)	ㄴ
37	ว	แหวน	워- 왠-	우(w)	우
38	ศ	ศาลา	써- 쌀-라-	ㅆ	ㅅ
39	ษ	ฤาษี	써- 르-씨-	ㅆ	ㅅ
40	ส	เสือ	써- 쓰아	ㅆ	ㅅ
41	ห	หีบ	허- 힙-	ㅎ	-
42	ฬ	จุฬา	러- 쭐라-	ㄹ(l)	ㄴ
43	อ	อ่าง	어- 앙-	ㅇ	-
44	ฮ	นกฮูก	허- 녹훅-	ㅎ	-

2 모음 Track 003

2.1 기본 모음

순서	단모음	발음	순서	장모음	발음
1	-ะ	아	2	-า	아-
3	-ิ	이	4	-ี	이-
5	-ึ	으	6	-ื	으-
7	-ุ	우	8	-ู	우-
9	เ-ะ	에	10	เ-	에-
11	แ-ะ	애	12	แ-	애-
13	โ-ะ	오	14	โ-	오-
15	เ-าะ	어	16	-อ	어-
17	-ัวะ	우아(어)	18	-ัว	우-아(어)
19	เ-ียะ	이아(야)	20	เ-ีย	이-아(야)
21	เ-ือะ	으아(어)	22	เ-ือ	으-아(어)
23	เ-อะ	으ㅓ	24	เ-อ	으ㅓ-
25	ไ-	아이	26	ใ-	아이
27	เ-า	아오	28	-ำ	암
29	ฤ	르, 리	30	ฤๅ	르-
31	ฦ	르	32	ฦๅ	르-

3 쓰기

3.1 자음 อ을 넣어 장모음 쓰기 🎧 Track 004

อา	อา	อา	อา	อา	อา
อี	อี	อี	อี	อี	อี
อือ	อือ	อือ	อือ	อือ	อือ
อู	อู	อู	อู	อู	อู
เอ	เอ	เอ	เอ	เอ	เอ
แอ	แอ	แอ	แอ	แอ	แอ
โอ	โอ	โอ	โอ	โอ	โอ
ออ	ออ	ออ	ออ	ออ	ออ
อัว	อัว	อัว	อัว	อัว	อัว
เอีย	เอีย	เอีย	เอีย	เอีย	เอีย
เอือ	เอือ	เอือ	เอือ	เอือ	เอือ
เออ	เออ	เออ	เออ	เออ	เออ

3.2 자음 อ을 넣어 단모음 쓰기 🎧 Track 005

อะ	อะ	อะ	อะ	อะ
อิ	อิ	อิ	อิ	อิ
อึ	อึ	อึ	อึ	อึ
อุ	อุ	อุ	อุ	อุ
เอะ	เอะ	เอะ	เอะ	เอะ
แอะ	แอะ	แอะ	แอะ	แอะ
โอะ	โอะ	โอะ	โอะ	โอะ
เอาะ	เอาะ	เอาะ	เอาะ	เอาะ
อัวะ	อัวะ	อัวะ	อัวะ	อัวะ
เอียะ	เอียะ	เอียะ	เอียะ	เอียะ
เอือะ	เอือะ	เอือะ	เอือะ	เอือะ
เออะ	เออะ	เออะ	เออะ	เออะ

3.3 단모음 또는 장모음으로 발음되는 모음 쓰기 🎧 Track 006

อำ	อำ	อำ	อำ	อำ
ใอ	ใอ	ใอ	ใอ	ใอ
ไอ	ไอ	ไอ	ไอ	ไอ
เอา	เอา	เอา	เอา	เอา

3.4 복합 모음 쓰기 🎧 Track 007

อาย	อาย	อาย	อาย	อาย
เอียว	เอียว	เอียว	เอียว	เอียว
อาว	อาว	อาว	อาว	อาว
อวย	อวย	อวย	อวย	อวย
เอือย	เอือย	เอือย	เอือย	เอือย
ออย	ออย	ออย	ออย	ออย
โอย	โอย	โอย	โอย	โอย

อุย	อุย	อุย	อุย	อุย
อิว	อิว	อิว	อิว	อิว
เอ็ว	เอ็ว	เอ็ว	เอ็ว	เอ็ว
เอว	เอว	เอว	เอว	เอว
แอว	แอว	แอว	แอว	แอว
เอย	เอย	เอย	เอย	เอย

확인하기

▶ 다음 단어를 읽어 보세요. 🎧 Track 008

1.	กา	อา	ตา	มา
2.	จะ	ปะ	คะ	ละ
3.	ดุ	เตะ	แตะ	และ
4.	ดี	ตี	ปี	ที
5.	งู	ดู	ปู	หู
6.	โต	บัว	หัว	วัว
7.	ไป	ไอ	ใจ	ใน
8.	เกา	เอา	เตา	เมา
9.	เมีย	เสือ	นาย	เจอ
10.	พอ	จอ	เกาะ	เจาะ

■ 결합 자음과 변형 모음의 발음 Track 009

1 결합 자음

1.1 선도 자음

① ห 다음에 ง, ญ, น, ม, ย, ร, ล, ว(홀음 자음)을 동반하는 경우 ห은 묵음이 되며, 저자음의 성조는 고자음 ห의 성조에 따른다.

หญ้า 야̂ หนี้ 니̂

② อ 다음에 ย을 동반하는 경우 อ은 묵음이 되며, 저자음 ย의 성조는 중자음 อ에 따른다.

อย่าง 양̀ อยู่ 유̀

③ 단모음 ะ는 마지막 음절에서 생략되는데 주로 두 개의 자음 사이에서 생략된다.
앞 자음에 단모음 '아'를 넣어 발음한다.

สภาพ 싸팝̂ พนัน 파난̄

④ 고자음이나 중자음 뒤에 홀음 자음(저자음)이 오는 경우, 고자음이나 중자음은 단모음 ะ가 생략된 것으로 보며, 저자음의 성조 규칙은 영향을 받게 된다. 홀음 자음(저자음)의 성조는 앞 자음에 따른다.

ฉลาด 찰랏 อร่อย 아러이

1.2 복합 자음

① **ก, ค, ต, ป, พ** 자음(k, t, p 음가)과 **ร, ล, ว**가 단독 모음과 결합한 경우 첫 자음에 '으'를 넣어 발음하며, 성조는 앞 자음(k, t, p 음가)에 따른다.

เปลี่ยน 쁠리얀   กระป๋อง 끄라뻥

② **ท**과 **ร**가 초자음 위치에 올 때는 하나의 음을 가지는데, 저자음 **ซ**의 발음과 성조에 따른다.

ทรัพย์ 쌉   ทราม 쌈

③ **จ, ศ, ส** 다음에 **ร**가 오는 경우, **ร**는 묵음이 된다.

สระ 싸   สรวม 쑤엄

2 변형 모음

2.1 모음 '아'

모음 '-ะ'에 받침이 오면 '-ั'로 변형된다.

รับ 랍   กับ 깝

2.2 모음 '으'

모음 '-ื' 뒤에 받침이 없는 경우, '-ือ'로 변형되며, 받침이 있을 때는 อ을 쓰지 않는다.

ชื่อ 츠   ชื่น 츤

2.3 모음 '에'

① 모음 'เ-ะ'에 받침이 있고 성조 표시가 없는 경우, 'เ-็'로 변형된다.

เห็น 헨ˇ เร็ว 레우¯

② 모음 'เ-ะ'에 받침이 있고 성조 표시가 있는 경우, 'เ-'로 변형된다.

เก่ง 껭ˋ เล่น 렌ˆ

2.4 모음 '애'

① 모음 'แ-ะ'에 받침이 있고 성조 표시가 없는 경우, 'แ-็'로 변형된다.

แท็กซี่ 택ˊ씨ˆ ไฟแช็ก 퐈이¯ 책ˊ

② 모음 'แ-ะ'에 받침이 있고 성조 표시가 있는 경우, 'แ-'는 짧게 발음한다.

แข่ง 캥ˋ แท่ง 탱ˆ

2.5 모음 '오'

모음 'โ-ะ'에 받침이 오면 'โ-ะ'는 감형된다.

กบ 꼽ˋ มด 못ˊ

2.6 모음 '으ㅓ'

① 변형 모음 : '**เ-อ**'에 받침이 오면, 변형되어 '**เ-ิ**'(으ㅓ)가 된다.

เกิด 끗ㅓ̀ **เงิน** 응언̄

② 감형 모음 : '**เ-อ**'에 받침 **ย**이 있는 음절에서는 감형된다.

เนย 느ㅓ̄이 **เฉย** 츠ㅓ̌이

2.7 모음 '우어'

받침이 있는 음절에서는 '**-ัว**'에서 '**-ว-**'로 변형된다.

นวด 누엇̂ **ด้วย** 두어̂이

2.8 '**รร**'

① '**รร**' 뒤에 받침이 올 경우 단모음 '**-ะ**'(아)로 발음된다.

วรรณ 완̄ **ธรรม** 탐̄

② '**รร**'가 음절의 끝에 위치할 때는 '**-ัน**'(안)으로 발음한다.

สวรรค์ 싸̀완̌ **กรรไตร** 깐 뜨̄라이̄

2.9 '-อ'

① ร가 받침으로 오면 모음 '-อ'는 감형된다.

อักษร 악썬　　สาทร 싸턴

② 'บริ'는 앞 음절에서 '-อ'가 감형된 상태로 บริ(버리)로 발음한다.

บริการ 버리깐　　บริษัท 버리쌋

③ ม, ท이 초자음으로 오는 앞 음절에서 '-อ'가 감형되며, 앞 자음과 ร 사이에 '-อ'(어)를 넣어 발음한다.

มรดก 머라독　　ทรมาน 터라만

2.10 'ไ-ย'

'ไ-ย'는 'ไ-'(아이)로 발음한다.

ไทย 타이　　ประชาธิปไตย 쁘라차티빠따이

2.11 'ติ, ตุ, มิ'

끝 음절에 ติ, ตุ, มิ가 있는 경우 ิ, 모음은 발음하지 않고, ต, ม는 종자음으로 발음한다.

ธงชาติ 통 찻　　อุบัติเหตุ 우밧띠헷

2.12 'ฤ'

① **รึ**(르)로 읽는 단어

ฤดู 르́두̄ **พฤษภาคม** 프́릇싸̀파̄콤̄

② **ริ**(리)로 읽는 단어

อังกฤษ 앙̄끄̀릿 **ฤทธิ์** 릿́

확인하기

▶ 다음 단어를 정확하게 소리 내어 읽어 보고 발음을 써 보세요. 🎧 Track 010

	단어	발음
1	หมู	
2	หยุด	
3	หวัด	
4	หน้า	
5	อย่าง	
6	อยู่	
7	หนึ่ง	
8	จริง	
9	สร้อย	
10	ทราบ	
11	ทรัพย์	
12	อาจารย์	
13	คน	
14	นก	
15	สนใจ	
16	สบาย	
17	ธนาคาร	
18	สนุก	
19	จมูก	
20	ถนน	

태국어의 성조

태국어는 평성, 1성, 2성, 3성 그리고 4성으로 5개의 성조로 분류합니다. 같은 발음일지라도 성조에 따라 그 의미가 달라지기 때문에, 성조는 매우 중요하며 정확하게 알아야 합니다.

Track 011

부호	성조명	성조 발음법	예시 단어
—	평성 mid	소리를 중간 높이에서 일정하게 발음한다.	กา 까̄
ˋ	1성 low	평성보다 낮은 곳에서 발음한다.	กา 까̀
^	2성 falling	평성보다 높은 위치에서 시작하여 높아졌다가 낮아진다.	กา 까̂
ˊ	3성 high	평성보다 높은 곳에서 발음한다.	กา 까́
ˇ	4성 rising	평성보다 낮은 위치에서 시작하여 낮아졌다가 올라간다.	กา 까̌

1 유형 성조 Track 012

단어에 성조 부호가 표시되어 있으며, 성조 부호는 초자음의 오른쪽 상단에 위치합니다.
성조 부호는 ่ (마-이 엑-), ้ (마-이 토-), ๊(마-이 뜨리-), ๋(마-이 짯따와-) 4가지입니다.

초자음 종류 \ 성조	่ (마-이 엑-)	้ (마-이 토-)	๊ (마-이 뜨리-)	๋ (마-이 짯따와-)
중자음	1성	2성	3성	4성
고자음	1성	2성	-	-
저자음	2성	3성	-	-

① 초자음이 중자음인 경우 성조 부호대로 발음합니다.

성조 부호	성조	예시
่	1성	เก่า 까오
้	2성	เก้า 까오
๊	3성	ก๊อก 꺽
๋	4성	เก๋ 께

② 초자음이 고자음인 경우 성조 부호대로 발음합니다.

성조 부호	성조	예시
่	1성	ข่าว 카우
้	2성	ข้าว 카우

③ 초자음이 저자음인 경우 1성 표시가 있으면 2성으로, 2성 표시가 있으면 3성으로 발음합니다.

성조 부호	성조	예시
่	2성	นั่น 난
้	3성	นั้น 난

2 무형 성조

단어에 성조 부호 표시가 없으며, 5개의 성조가 있습니다.
음절에 있어서 초자음(중자음, 고자음, 저자음)과 모음(장모음, 단모음) 그리고 종자음(생음, 사음)의 구성에 따라서 그 음절의 성조가 서로 다릅니다.

자음	음절		성조
중자음	생음		평성
	사음		1성
고자음	생음		4성
	사음		1성
저자음	생음		평성
	사음	장모음 + 사음	2성
		단모음 + 사음	3성

○ 생음
- 모음이 장모음인 경우
- 종자음의 음가가 ง/ng/, น/n/, ม/m/, ย/y/, ว/w/ (비음 ㅇ, ㄴ, ㅁ / 반모음 이, 우)인 경우

○ 사음
- 모음이 단모음인 경우
- 종자음의 음가가 ก/k/, ด/t/, บ/p/ (폐쇄음 ㄱ, ㅅ, ㅂ)인 경우

2.1 중자음의 성조법 Track 013

① 중자음 + **생음** = **평성**

ด + ี = ดี 디
ป + ไ- = ไป 빠이
ด + โ- + ย = โดย 도이
จ + ี + น = จีน 찐

② 중자음 + **사음** = **1성**

ก	+	แ-ะ	=	แกะ	깨̀
ต	+	เ-ะ	=	เตะ	떼̀
บ	+	-อ + ก	=	บอก	벅̀
อ	+	แ- + บ	=	แอบ	앱̀

확인하기

▶ 다음 단어의 성조를 소리 내어 읽어 보고 발음과 성조를 써 보세요. Track 014

	단어	발음	성조
1	ดี		
2	เตา		
3	เกาะ		
4	อื		
5	กับ		
6	จอด		
7	ตาม		
8	จึง		
9	เปียก		
10	เตียง		
11	อิ่ม		
12	ดื่ม		
13	ปู่		
14	บ้าน		

2.2 고자음의 성조법 Track 015

① 고자음 + **생음** = **4성**

ห + -า = หา 하̌
ส + เ-า = เสา 싸̌오
ข + -ิ + ง = ขิง 킹̌
ถ + -า + ม = ถาม 탐̌

② 고자음 + **사음** = **1성**

ห + เ-าะ = เหาะ 허̀
ถ + เ-อะ = เถอะ 터̀
ผ + -ู + ก = ผูก 푹̀
ถ + -อ + ด = ถอด 텃̀

확인하기

▶ 다음 단어의 성조를 소리 내어 읽어 보고 발음과 성조를 써 보세요. 🎧 Track 016

	단어	발음	성조
1	ผี		
2	ผัว		
3	สาม		
4	ถุง		
5	ขัน		
6	ผุ		
7	แฉะ		
8	ผิด		
9	สุก		
10	ถอด		
11	สี่		
12	หั่น		
13	ห่อ		
14	ให้		
15	ขั้น		
16	ข้าว		

2.3 저자음의 성조법 🎧 Track 017

① 저자음 + 생음 = 평성

> ม + ี = มี 미
> ร + -อ = รอ 러
> ค + -ุ + ณ = คุณ 쿤
> ย + -า + ว = ยาว 야-우

② 저자음 + 장모음 + 사음(폐쇄음) = 2성

> ร + โ- + ค = โรค 록̂
> ค + แ- + บ = แคบ 캡̂

③ 저자음 + 단모음 + 사음(폐쇄음) = 3성

> ว + แ-ะ = แวะ 왜́
> ล + -ะ = ละ 라́
> ท + -ุ + ก = ทุก 툭́
> ม + -ิ + ด = มิด 밋́

확인하기

▶ 다음 단어의 성조를 소리 내어 읽어 보고 발음과 성조를 써 보세요. 🎧 Track 018

	단어	발음	성조
1	มา		
2	งู		
3	คะ		
4	เงาะ		
5	ลิง		
6	วัน		
7	ยาย		
8	ลูก		
9	โลก		
10	มาก		
11	มืด		
12	รัก		
13	ลุก		
14	นัด		
15	นวด		
16	เทียม		
17	พี่		
18	ม่วง		
19	ว่าง		
20	ม้า		
21	ชิ้น		

▶ 다음 문장을 소리 내어 읽으면서 지금까지 배운 발음과 성조를 다시 연습해 보세요. 🎧 Track 019

1. คุณ ชื่อ อะไร
2. ภาษาไทย ไม่ ยาก
3. คุณ สบายดี ไหม
4. ผม เป็น คน เกาหลี
5. อันนี้ เท่าไร
6. วันนี้ วัน อาทิตย์
7. โรงแรม อยู่ ทางซ้าย
8. คุณ จะ ไป ไหน
9. ฉัน จะ ไป เมือง ไทย ปี หน้า
10. ทำไม คุณ ไม่ ไป ทำงาน
11. พรุ่งนี้ จะ ไป ตัด ผม
12. วันนี้ ไม่ ค่อย สบาย
13. ครอบครัว ของ ผม มี ห้า คน
14. พี่ชาย คุณ ทำงาน อะไร
15. รถ คัน นั้น สวย ที่สุด

방콕 왕궁

UNIT 01

인사

학 습 포 인 트
· 안녕
· 잘 가요
· 크랍/카(남/여 공손어)
· 인칭대명사

 대화

대화 ① 만났을 때 인사말을 이해해요! Track 020

A : **สวัสดี**
　　싸왓디

B : **สวัสดีครับ　คุณครู**
　　싸왓디 크랍　　쿤 크루

A : 안녕!
B : 선생님 안녕하세요?

∷ 'สวัสดีครับ/ค่ะ'라는 말은 누구에게나 건넬 수 있는 인사말이에요. 그리고 하루 중 아무 때나 사용할 수 있어요. 근황을 물을 때는 '**สบายดีไหม**'로 인사해요. '**ครับ/ค่ะ**'는 상대방에 대한 존칭어로, 말하는 사람이 남성이면 '**ครับ**'을, 여성이면 '**ค่ะ**'를 사용해요.

∷ '**คุณ**'은 '당신'이라는 의미의 2인칭 대명사이기도 하지만, 고유명사나 명사 앞에서는 '미스터, 미스'의 의미로 사용해요.

핵심 포인트

이렇게도 말해요

A : **สวัสดีค่ะ อาจารย์** 교수님 안녕하세요.
　　싸왓디 카　　아짠

B : **อรุณสวัสดิ์ครับ** 좋은 아침입니다.
　　아룬 싸왓 크랍

어휘
☐ **สวัสดี** 싸왓디 안녕
☐ **คุณ** 쿤 당신, ~씨
☐ **ครู** 크루 선생
☐ **อาจารย์** 아짠 교수
☐ **อรุณ** 아룬 새벽

교체 연습

สวัสดีครับ　อาจารย์
　　　　　　ทุกคน
　　　　　　คุณสุดา

어법

		일반	존칭
1인칭	남성	**ฉัน** 찬	**ผม** 폼
	여성	**ฉัน** 찬	**ดิฉัน** 디찬
2인칭	남/여	**เธอ** 트ㅓ	**คุณ** 쿤 **ท่าน** 탄
3인칭	남성	**เขา** 카오	**ท่าน** 탄
	여성	**เขา** 카오 / **เธอ** 트ㅓ	**ท่าน** 탄

대화 2 헤어질 때 인사를 해요!

Track 021

A: ลาก่อนค่ะ
라 껀 카

B: เจอกันใหม่ครับ
쯔ㅓ 깐 마이 크랍

A : 먼저 갈게요.
B : 나중에 봐요.

헤어질 때 'สวัสดีครับ/ค่ะ'로 인사하기도 하지만, 'เจอกันใหม่'으로도 표현할 수 있어요.

핵심 포인트

이렇게도 말해요

A: สวัสดีค่ะ ลาก่อนค่ะ 안녕히 계세요. 먼저 갑니다.
싸왓디 카 라 껀 카

B: เจอกันพรุ่งนี้ครับ 내일 봐요.
쯔ㅓ 깐 프룽니 크랍

교체 연습

คงต้องขอตัวก่อนค่ะ
ต้องขอตัว
ลา

เจอกันวันจันทร์หน้าครับ
คราวหน้า
พรุ่งนี้

어휘

- เจอ 쯔ㅓ 만나다
- กัน 깐 함께
- ใหม่ 마이 다시, 또
- ลา 라 떠나다
- ก่อน 껀 먼저
- พรุ่งนี้ 프룽 니 내일
- ต้อง 떵 해야 하다
- คง 콩 아마
- พบ 폽 만나다
- วันจันทร์ 완짠 월요일
- หน้า 나 다음

어법

일상적 인사	ทานข้าวหรือยัง 탄 카우 르 양 식사하셨어요? ไปไหนเหรอ 빠이 나이 르ㅓ 어디 가세요?
안부 인사	หมู่นี้เป็นอย่างไรบ้าง 무니 뻰 양라이 방 요즘 어떻게 지내요?
잠자기 전 인사	ราตรีสวัสดิ์ 라뜨리 싸왓 안녕히 주무세요. ขอให้ฝันดีนะ 커 하이 퐌 디 나 좋은 꿈 꾸세요.

실전 회화

Track 022

● 학생이 선생님과 인사를 나눌 때

สุภา: สวัสดีค่ะ คุณครู
싸왓디 카 쿤 크루

สมชาย: สวัสดีครับ สบายดีไหมครับ
싸왓디 크랍 싸바이 디 마이 크랍

สุภา: สบายดีค่ะ
싸바이 디 카

수파: 선생님 안녕하세요?
쏨차이: 안녕하세요?
잘 지내세요?
수파: 잘 지냅니다.

● 헤어질 때

สุภา: ขอตัวก่อนนะคะ
커 뚜어 껀 나 카

สมชาย: เจอกันพรุ่งนี้ครับ
쯔ㅓ 깐 프룽 니 크랍

수파: 먼저 갈게요.
쏨차이: 내일 봐요.

확장 문형 배우기

Track 023

처음 만났을 때

- ยินดีที่ได้พบคุณครับ 당신을 만나게 되어 반갑습니다.
  인디 티 다이 폽 쿤 크랍
- ฉันก็เช่นเดียวกันค่ะ 저도 반갑습니다.
  찬 꺼 첸 디아우 깐 카

오랜만에 만났을 때

- ไม่ได้พบกันนานแล้วนะครับ 오랜만입니다.
  마이 다이 폽 깐 난 래우 나 크랍
- ไม่ได้เจอกันนานจริงๆ 정말 오랜만입니다.
  마이 다이 쯔ㅓ 깐 난 찡찡

헤어질 때

- ขอตัวก่อนนะครับ 먼저 가 보겠습니다.
  커 뚜어 껀 나 크랍
- เดินทางระวังนะคะ 살펴 가세요.
  드ㅓㄴ 탕 라왕 나 카
- โชคดี 행운을 빌게요.
  촉 디

연습문제

듣기

다음을 듣고 빈칸을 채워 보세요. Track 024

1. เจอกัน _____

2. ไม่ได้พบกัน _____ แล้วนะครับ

3. ขอตัว _____ นะครับ

말하기

다음 질문에 답하세요.

1. สวัสดีครับ คุณครู
   _____

2. สบายดีไหมครับ
   _____

3. ยินดีที่ได้พบคุณครับ
   _____

읽기

발음에 주의해서 읽어 보세요. Track 025

1. สวัสดี   ครู   อาจารย์   อรุณ
2. เจอ   ใหม่   ลา   ก่อน
3. พรุ่งนี้   พบ   วันจันทร์   หน้า

쓰기

쓰기 1. 다음을 태국어로 쓰세요.

① 선생님 안녕하세요.

→

② 잘 지내요.

→

③ 내일 만나요.

→

쓰기 2. 다음 단어를 어순에 맞게 문장을 완성하세요.

① **ก่อน / ขอ / นะ / ตัว**

→

② **พบ / ที่ / ยินดี / ได้ / คุณ**

→

③ **นาน / ไม่ได้ / กัน / จริง ๆ / เจอ**

→

복습하기

Track 026

〈인사할 때〉

① สวัสดีค่ะ คุณครู

② ______________________

③ สบายดีค่ะ

〈헤어질 때〉

① ขอตัวก่อนนะคะ

② ______________________

문화 엿보기

태국 사람들은 '싸왓디 크랍(남성)/싸왓디 카(여성)'라고 인사를 해요. 처음 만나는 사람이나 지인을 만났을 때 가벼운 미소를 지으면서 언제든지 사용할 수 있는 인사말이에요. '크랍/카'는 공손어로 첫 인사에서는 사용해야 해요. 두 손을 가슴 앞에 모아 고개를 약간 숙이고 합장하는 인사법을 '와이'라고 해요. '와이'는 손아랫사람이 윗사람에게 인사하는 예법이에요. '와이'로 인사하면 반드시 '와이'로 답해야 해요. 상대방이 나이가 어린 경우에는 그냥 '싸왓디 크랍/카'라고 하면 돼요. 그리고 안부를 물어보는 인사말은 '싸바이디 르'라고 해요.

한편, 요즘 근황을 물어보는 인사 '뻰 양라이 방'은 처음 보는 사람에게 사용하지 않고 아는 사람에게만 인사할 수 있어요. 헤어질 때 하는 인사로 '라껀'은 먼저 가겠다는 의미예요. 그리고 태국 사람은 다른 사람의 행운을 빌어주기를 좋아해서 '촉디'라고 인사를 하기도 해요. 아침에 일어나서 하는 인사는 '아룬 싸왓'이라고 하며, 밤늦게 잠자기 전에 하는 인사는 '라뜨리 싸왓'이라고 해요.

푸껫 타운

UNIT 02

자기소개

학습포인트

· 이름이 뭐예요?
· 만나서 반가워요
· 의문사 อะไร
· 의문사 ไหน

대화

대화 1 이름이 무엇인지 물어봐요!

Track 027

A : คุณชื่ออะไรครับ
쿤 츠 아라이 크랍

B : ฉันชื่อปาร์คอึนมินค่ะ
찬 츠 박은민 카

A : 이름이 뭐예요?
B : 저는 박은민입니다.

태국 사람은 정식 이름과 애칭으로 부르는 이름이 있어요. 태국 사람의 경우 이름이 성 앞에 오기 때문에 태국식으로 표현하면 '은민 박'이 되지요. '박'은 '**นามสกุล**(성)'이고 '은민'은 '**ชื่อ**(이름)'입니다.

핵심 포인트

이렇게도 말해요

A : เขาชื่ออะไรครับ 그의 이름이 뭐예요?
카오 츠 아라이 크랍

B : เขาชื่อคิมจีอึนค่ะ 그의 이름은 김지은입니다.
카오 츠 김지은 카

어휘

- □ ชื่อ 츠 이름
- □ อะไร 아라이 무엇
- □ ฉัน 찬 나
- □ เขา 카오 그
- □ เธอ 터 그녀

교체 연습

เขาชื่ออะไรครับ
เธอ

เขาชื่อวีระค่ะ
เธอชื่อสุดา

어법

무엇	อะไร	아라이	어떻게	อย่างไร	양 라이
누구	ใคร	크라이	언제	เมื่อไร	므어 라이
어디(에)	(ที่)ไหน	(티)나이	왜	ทำไม	탐 마이
얼마	เท่าไร	타오 라이	몇	กี่	끼

| 대화 **2** | 어느 나라 사람인지 물어봐요! | Track 028 |

A : **คุณมาจากไหนคะ**
쿤 마 짝 나이 카

B : **ผมมาจากเกาหลีครับ**
폼 마 짝 까올리 크랍

A : 당신은 어디에서 왔나요?
B : 저는 한국에서 왔어요.

'มาจากไหน'라는 표현은 '어디에서 오셨습니까?' 또는 '고향이 어디입니까?' 그리고 '어느 나라 사람입니까?' 등을 물어보는 의미예요. 상황에 따라 대답하면 돼요.

핵심 포인트

이렇게도 말해요

A : **คุณมาจากไหนคะ** 당신은 어디에서 왔어요?
쿤 마 짝 나이 카

B : **ผมมาจากจีนครับ** 나는 중국에서 왔어요.
폼 마 짝 찐 크랍

교체 연습

คุณมาจากไหนคะ
　　　　ประเทศอะไร
　　　　ประเทศไหน

ผมมาจากเชียงใหม่ครับ
　　　　อังกฤษ
　　　　อเมริกา

어휘

- **มา** 마 오다
- **จาก** 짝 ~로부터
- **ไหน** 나이 어느, 어디
- **เกาหลี** 까올리 한국
- **จีน** 찐 중국
- **ประเทศ** 쁘라텟 나라, 국가

어법

태국어의 어순에서 피수식어는 수식어 앞에 위치해요. '태국'은 '나라(피수식어)'와 '타이(수식어)'의 어순에 따라 '**ประเทศไทย**'로 표현해요.

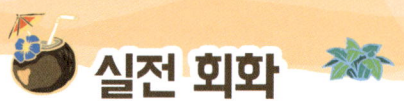

실전 회화

Track 029

สุภา: สวัสดีค่ะ ดิฉันชื่อสุภา
　　　싸왓디 카　　디찬 츠 쑤파

　　　คุณชื่ออะไรคะ
　　　쿤 츠 아라이 카

สมชาย: ผมชื่อสมชายครับ
　　　폼 츠 쏨차이 크랍

สุภา: ยินดีที่ได้รู้จักค่ะ
　　　인디 티 다이 루짝 카

สมชาย: ผมก็ยินดีที่ได้รู้จักเช่นกันครับ
　　　폼 꺼 인디 티 다이 루짝 첸 깐 크랍

สุภา: คุณมาจากไหนคะ
　　　쿤 마 짝 나이 카

สมชาย: ผมมาจากเชียงใหม่ครับ
　　　폼 마 짝 치앙마이 크랍

쑤파: 안녕하세요? 제 이름은 쑤파입니다.
　　　당신 이름은 뭐예요?
쏨차이: 제 이름은 쏨차이입니다.
쑤파: 만나서 반갑습니다.
쏨차이: 저도 역시 만나서 반갑습니다.
쑤파: 당신은 어디에서 왔어요?
쏨차이: 치앙마이에서 왔어요.

54

확장 문형 배우기

Track 030

심화 보충 단어

국가	태국어	발음
한국	ประเทศเกาหลี	쁘라텟 까올리
태국	ประเทศไทย	쁘라텟 타이
중국	ประเทศจีน	쁘라텟 찐
일본	ประเทศญี่ปุ่น	쁘라텟 이뿐
베트남	ประเทศเวียดนาม	쁘라텟 위얏남
라오스	ประเทศลาว	쁘라텟 라우
캄보디아	ประเทศกัมพูชา	쁘라텟 깜푸차
미국	ประเทศสหรัฐอเมริกา	쁘라텟 싸하랏 아메리까
영국	ประเทศอังกฤษ	쁘라텟 앙끄릿
프랑스	ประเทศฝรั่งเศส	쁘라텟 파랑쎗

국적 묻고 답하기

A : คุณเป็นคนชาติอะไร 당신은 어느 나라 사람인가요?
쿤 뻰 콘 찻 아라이

B : ฉันเป็นคนเกาหลี 나는 한국 사람이에요.
찬 뻰 콘 까올리

A : คุณเป็นคนอะไร 당신은 어느 나라 사람인가요?
쿤 뻰 콘 아라이

B : ฉันเป็นคนไทย 나는 태국 사람이에요.
찬 뻰 콘 타이

 # 연습문제

🎧 듣기

다음을 듣고 빈칸을 채워 보세요. 🎧 Track 031

1. คุณ _____ อะไร

2. ผม _____ จากเกาหลี

3. คุณมาจาก _____ คะ

💬 말하기

다음 질문에 답하세요.

1. คุณชื่ออะไรครับ
   _____

2. คุณมาจากไหนคะ
   _____

3. คุณเป็นคนชาติอะไร
   _____

📖 읽기

발음에 주의해서 읽어 보세요. 🎧 Track 032

1. ชื่อ   ไหน   ฉัน
2. เขา   เธอ   อะไร
3. เกาหลี   จีน   ประเทศ

✏️ 쓰기

쓰기 1. 다음 문장을 태국어로 쓰세요.

① 당신 이름은 뭐예요?

→ _____

② 만나서 반갑습니다.

→ _____

③ 당신은 어느 나라 사람인가요?

→ _____

쓰기 2. 다음 단어를 어순에 맞게 문장을 완성하세요.

① **เกาหลี / ฉัน / จาก / มา**

→ _____

② **รู้จัก / ที่ / ยินดี / ได้ / คุณ**

→ _____

③ **ชาติ / อะไร / คน / คุณ / เป็น**

→ _____

복습하기

Track 033

① สวัสดีค่ะ ดิฉันชื่อสุภา
คุณชื่ออะไรคะ

② ______________________

③ ยินดีที่ได้รู้จักค่ะ

④ ______________________

⑤ คุณมาจากไหนคะ

⑥ ______________________

문화 엿보기

'싸왓디 크랍/카'라는 인사말 다음에는 이름을 물어봅니다. 편안하게 지내고 싶다는 의미예요. 태국은 우리와 다르게 이름을 앞에, 성을 뒤에 써요. 그래서 태국 사람이 한국 사람을 부를 때는 이름보다 성을 많이 불러요.

또한, 이름이 두 가지가 있는데, 일상생활에서는 본명보다는 애칭 '츠렌'을 주로 사용해요. 본명은 음절 수가 많고 부르기가 쉽지 않은 데 반해, 애칭은 한두 음절이라서 기억하기 쉬워요. 애칭은 주로 동물 이름, 크기나 양을 나타내는 형용사, 색깔 등을 사용해요.

일반적으로 상대방을 부를 때는 직함을 부르거나 이름 앞에 '쿤'을 사용해요. '쿤'은 우리말에 '씨'에 해당하는 의미예요. 친해지고 나면 손윗사람에게는 이름 앞에 언니, 오빠, 형의 호칭 '피'를, 동생에게는 '넝'을 넣어 불러요.

끄라비 아우낭

UNIT 03

감사 표현

학습포인트

· 에어컨을 좀 꺼 주세요
· 고마워요
· 부탁 표현 **ช่วย**
· 문장 어순

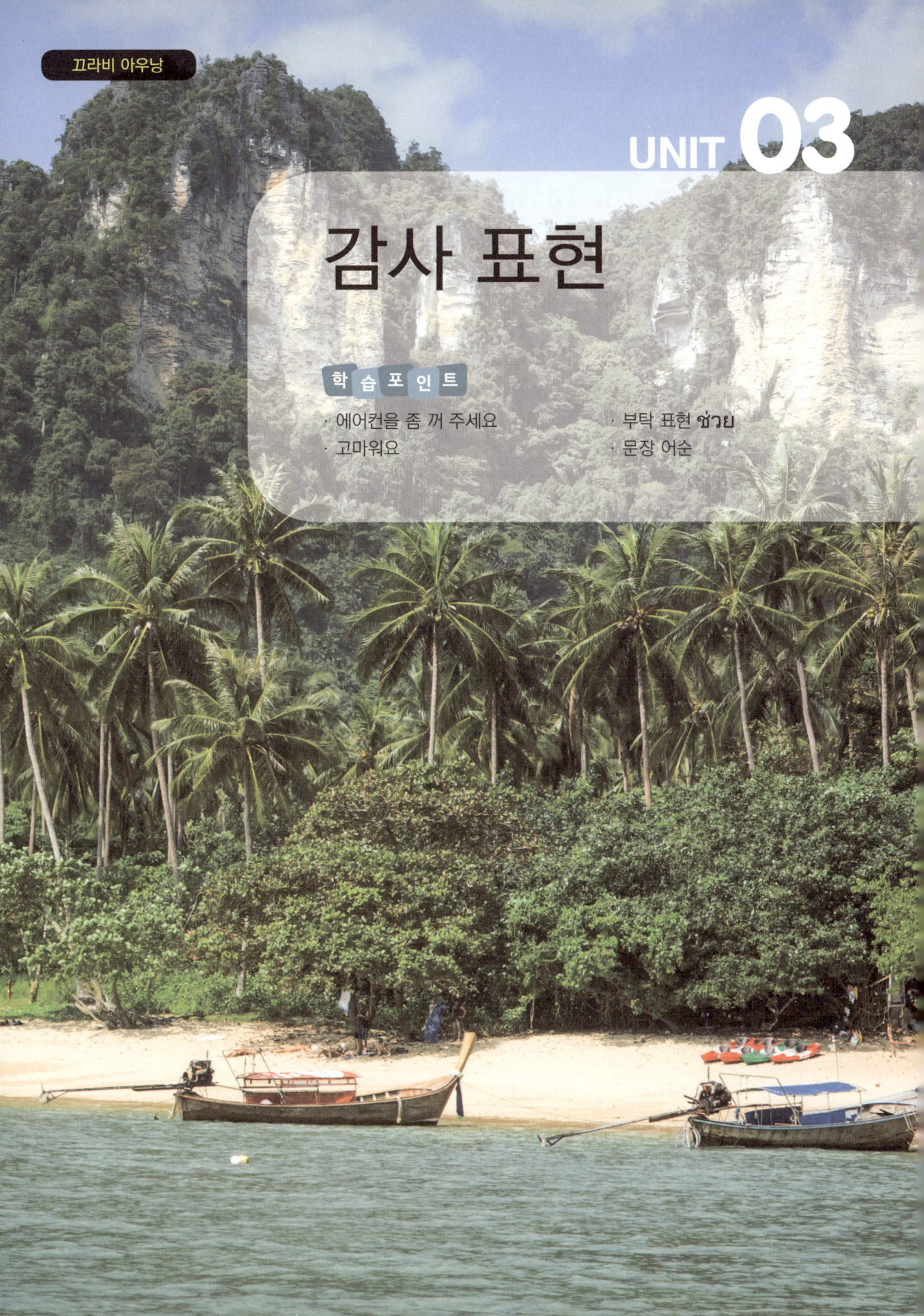

대화

대화 1 부탁해 봐요!

Track 034

A : สุดา ช่วยเปิดแอร์หน่อยครับ
쑤다 추어이 뻣ㅓ 애 너이 크랍

B : ได้ค่ะ
다이 카

A : 쑤다, 에어컨을 좀 켜 주세요.
B : 알겠습니다.

태국어로 도움을 요청할 때 '**ช่วย**'를 사용해요.
'**ช่วย** + 동사 (+목적어) + **หน่อย**' 어순으로 표현하면 '~하는 것을 도와주세요'라는 의미가 돼요.
'**หน่อย**'가 문장 끝에 사용될 경우 '미안하지만 ~'과 비슷한 의미예요.

핵심 포인트

이렇게도 말해요

A : ช่วยปิดแอร์หน่อยครับ 에어컨을 좀 꺼 주세요.
추어이 삣 애 너이 크랍

B : ได้ค่ะ 알겠습니다.
다이 카

교체 연습

ช่วย**สอนภาษาไทย**หน่อยครับ
ปิดแอร์
ปิดไฟ
ถือกระเป๋า
ถือหนังสือ

ได้ค่ะ
ยินดี

어휘

- □ ช่วย 추어이 돕다
- □ เปิด 뻣ㅓ 켜다
- □ แอร์ 애 에어컨
- □ หน่อย 너이 좀
- □ ปิด 삣 끄다
- □ ไฟ 파이 불
- □ สอน 썬 가르치다
- □ ภาษาไทย 파싸 타이 태국어
- □ ถือ 트 들다
- □ กระเป๋า 끄라 빠오 가방
- □ หนังสือ 낭쓰 책

| 대화 2 | 고마움을 표현해 봐요! | Track 035 |

A : **ขอบคุณครับ**
컵 쿤 크랍

B : **ไม่เป็นไรค่ะ**
마이 뻰 라이 카

A : 고맙습니다.
B : 천만에요.

- 'ขอบคุณ'은 감사의 표현이에요. 작은 일에도 도움을 받게 되면 항상 말해요.
  'ไม่เป็นไร'는 '천만에요', '괜찮아요' 등의 뜻이에요.

핵심 포인트

이렇게도 말해요

A : **ขอบคุณมากครับ** 대단히 감사합니다.
컵 쿤 막 크랍

B : **ไม่เป็นไรค่ะ** 천만에요.
마이 뻰 라이 카

어휘
- ขอบคุณ 컵 쿤 고맙다
- มาก 막 많이, 매우
- ไม่เป็นไร 마이 뻰 라이 괜찮다
- ขอบใจ 컵 짜이 고마워
- จริง ๆ 찡 찡 정말

교체 연습

ขอบคุณมากครับ
ขอบคุณที่ช่วยฉัน
ขอบใจจริง ๆ
ขอบใจ

어법

태국어의 문장은 '주어 + 동사 + 목적어'의 어순입니다.

주어 + 계동사 + 목적보어(체언)

ฉัน เป็น คนเกาหลี 저는 한국 사람입니다.

주어 + 동사 + 목적어

ฉัน กิน ข้าว 나는 밥을 먹는다.

 **실전 회화** Track 036

สุดา: สมชาย ช่วยถือกระเป๋าหน่อยค่ะ
쏨차이 추어이 트 끄라 빠오 너이 카

สมชาย: ได้ครับ
다이 크랍

สุดา: ขอบคุณที่ช่วยเหลือ
컵 쿤 티 추어이 르어

สมชาย: ไม่เป็นไรครับ
마이 뻰 라이 크랍

쑤다: 쏨차이, 가방 좀 들어 주세요.
쏨차이: 알겠습니다.
쑤다: 도와줘서 고마워요.
쏨차이: 천만에요.

확장 문형 배우기

Track 037

고마울 때

- **ขอบคุณที่สละเวลาให้ค่ะ** 시간 내 주셔서 고맙습니다.
  컵 쿤 티 쌀라 웰라 하이 카

- **ขอบคุณที่เชิญค่ะ** 초대해 주셔서 감사합니다.
  컵 쿤 티 츤ㅓ 카

- **ขอบคุณสำหรับทุกสิ่งค่ะ** 여러 가지로 감사합니다.
  컵 쿤 쌈랍 툭 씽 카

- **ขอขอบคุณที่ให้คำแนะนำค่ะ** 조언해 주셔서 감사합니다.
  커 컵쿤 티 하이 캄 내남 카

감사 인사에 대답할 때

- **ไม่เป็นไรค่ะ** 별말씀을요.
  마이 뻰 라이 카

- **นิดหน่อยค่ะ** 별것 아닙니다.
  닛 너이 카

- **เป็นเรื่องที่ฉันชอบทำอยู่แล้วค่ะ** 제가 좋아서 한 일입니다.
  뻰 르엉 티 찬 첩 탐 유 래우 카

UNIT 03 감사 표현 **63**

연습문제

🎧 **듣기**

다음을 듣고 빈칸을 채워 보세요. 🎧 Track 038

1. _____ เปิดแอร์หน่อยครับ

2. _____ ที่ช่วยเหลือ

3. ช่วยปิดแอร์ _____ ครับ

💬 **말하기**

질문에 답하세요.

1. ขอบคุณมากครับ

   _____

2. ช่วยถือกระเป๋าหน่อยค่ะ

   _____

3. ขอบคุณที่สละเวลาให้ค่ะ

   _____

📖 **읽기**

발음에 주의해서 읽어 보세요. 🎧 Track 039

1. ช่วย   เปิด   แอร์
2. ปิด   ถือ   กระเป๋า
3. หน่อย   หนังสือ ขอบใจ

쓰기

쓰기 1. 다음 문장을 태국어로 쓰세요.

① 에어컨을 좀 꺼 주세요.

→ _____

② 천만에요.

→ _____

③ 감사합니다.

→ _____

쓰기 2. 다음 단어를 어순에 맞게 문장을 완성하세요.

① ถือ / ช่วย / หนังสือ / หน่อย

→ _____

② ฉัน / ที่ / ช่วย / ขอบคุณ

→ _____

③ ทุก / สำหรับ / ขอบคุณ / สิ่ง

→ _____

복습하기

Track 040

① สมชาย ช่วยถือกระเป๋าหน่อยค่ะ

② ______________________

③ ขอบคุณที่ช่วยเหลือ

④ ______________________

문화 엿보기

태국 생활에서 많이 표현해야 하는 말 중의 하나가 '감사하다'는 표현일 거예요. 태국 사람들은 작은 호의에도 '컵 쿤 크랍/카'라고 감사 표현을 해요. 친구 사이나 손아랫사람에게는 '컵 짜이'라고 표현합니다. 나이가 많은 사람에게는 '컵 짜이'라고 해서는 안 돼요.

태국 사람들은 다른 사람의 부탁을 쉽게 거절하지 못하고, '마이 뻰 라이'라고 하면서 친절하게 잘 도와주는 편이에요. 태국에서 어떤 도움이라도 받게 되면 '컵쿤 티 추어이 찬(도와줘서 고맙다)'이라고 인사해 보세요. 그리고 우리말의 '수고하세요'라는 말은 태국어 표현에 없어서 '컵 쿤 크랍/카'로 대신해요.

푸껫 나이한 해변

UNIT 04

사과 표현

학 습 포 인 트

· 시끄럽게 해서 미안해요
· 괜찮아요

· 요구 표현 ขอ
· 수식사 ที่

 # 대화

대화 1 잘못했을 때 사과해요! 🎧 Track 041

A : **ขอโทษครับ**
　커 톳 크랍

B : **ไม่เป็นไรค่ะ**
　마이 뻰 라이 카

| A : 죄송합니다. |
| B : 괜찮아요. |

▪ '**ขอโทษ**'은 일반적으로 사과해야 하는 경우에 사용해요. 약속 시간에 늦은 경우나 다른 사람 앞을 지나가야 할 경우에 '미안합니다', '실례합니다'의 표현이에요.

▪ '**ขออภัย**'는 주로 윗사람에게 사용하며 '**ขอโทษ**'보다 공손한 표현이에요. 동료나 친구에게 정말 용서를 빌어야 하는 경우에도 사용해요. 아랫사람에게는 '**ขอโทษ**'을 사용하면 돼요.

▪ '**ไม่เป็นไร**'는 다른 사람의 잘못을 꼭 집어서 말을 하지 못하고 '괜찮다'고 하는 경우에 사용해요.

핵심 포인트

이렇게도 말해요

A : **ขออภัยด้วย** 용서해 주세요.
　커 아파이 두어이

B : **ไม่เป็นไรค่ะ** 괜찮아요.
　마이 뻰 라이 카

어휘

□ **ขอโทษ** 커 톳
　미안하다, 실례하다

□ **ไม่เป็นไร** 마이 뻰 라이
　괜찮다

□ **อภัย** 아파이 용서하다

□ **ประทานโทษ** 쁘라탄 톳
　실례하다, 죄송하다

교체 연습

ขออภัยด้วย
　ประทานโทษ
　โทษมาก ๆ

어법

ขอ는 '요구하다'의 뜻이며, 명사가 올 경우 '~주세요'의 의미입니다.
예 **ขอน้ำ** 물 주세요.

대화 2 잘못에 대한 표현을 해 봐요!

🎧 Track 042

A : **ขอโทษที่ทำให้รอครับ**
커 톳 티 탐 하이 러 크랍

B : **ไม่เป็นไรค่ะ**
마이 뻰 라이 카

A : 기다리게 해서 죄송합니다.
B : 괜찮습니다.

핵심 포인트

이렇게도 말해요

A : **ขอโทษที่ส่งเสียงดังครับ** 시끄럽게 해서 미안합니다.
커 톳 티 쏭 씨앙 당 크랍

B : **ไม่เป็นไรค่ะ** 괜찮습니다.
마이 뻰 라이 카

어휘
- ทำให้ 탐 하이 ~하게 하다
- รอ 러 기다리다
- ส่ง 쏭 보내다
- เสียง 씨앙 소리
- ดัง 당 소리가 크다
- โทรหา 토 하 전화 걸다
- ช้า 차 느리다
- รบกวน 롭 꾸언 귀찮게 하다
- เหยียบ 이얍 밟다
- เท้า 타오 발

교체 연습

ขอโทษที่**ส่งเสียงดัง**ครับ
โทรหาช้า
รบกวน
เหยียบเท้าคุณ

어법

관계대명사 '**ที่**'는 간단한 원인절에서는 '~해서'의 의미로 사용돼요.
ขอบคุณที่~ ~해서 감사합니다
ขอโทษที่~ ~해서 죄송합니다
เสียใจที่~ ~해서 유감입니다

실전 회화

Track 043

สุดา: **ขอโทษค่ะ ดิฉันมาสาย**
커 톳 카   디찬 마 싸이

สมชาย: **ไม่เป็นไรครับ**
마이 뻰 라이 크랍

รถติดหรือครับ
롯 띳 르 크랍

สุดา: **ค่ะ**
카

รถติดมาก
롯 띳 막

쑤다: 늦어서 미안합니다.
쏨차이: 괜찮습니다.
　　　차가 막혔나요?
쑤다: 네. 차가 많이 막혔어요.

어휘

☐ **มา** 마 오다
☐ **สาย** 싸이 늦다
☐ **รถ** 롯 차량
☐ **ติด** 띳 붙다, 달라붙다
☐ **รถติด** 롯 띳 차가 막히다
☐ **หรือ** 르 ~인가요?

확장 문형 배우기

Track 044

잘못을 사과할 때

- **ฉันทำผิดเองค่ะ** 제가 잘못했습니다.
  찬 탐 핏 엥 카
- **ขอโทษที่ไม่ได้โทรหาทันทีค่ะ** 바로 전화드리지 못해 죄송합니다.
  커 톳 티 마이 다이 토 하 탄티 카

용서를 구할 때

- **ยกโทษให้ด้วยครับ** 용서해 주세요.
  욕 톳 하이 두어이 크랍
- **ยกโทษให้สักครั้งนะครับ** 한 번만 용서해 주세요.
  욕 톳 하이 싹 크랑 나 크랍

사과에 대답할 때

- **ไม่ต้องห่วงค่ะ** 걱정 안 해도 됩니다.
  마이 떵 후엉 카
- **ไม่เป็นไร ไม่ต้องห่วงค่ะ** 괜찮아요, 걱정 마세요.
  마이 뻰 라이 마이 떵 후엉 카
- **ไม่ต้องกังวลนะครับ** 걱정 마세요.
  마이 떵 깡원 나 크랍

 # 연습문제

🎧 듣기

다음을 듣고 빈칸을 채워 보세요. Track 045

1. _____ ครับ

2. _____ ค่ะ

3. _____ ด้วย

💬 말하기

질문에 답하세요.

1. ขอโทษครับ

   _____

2. ขอโทษที่ทำให้รอครับ

   _____

3. ขอโทษที่ส่งเสียงดังครับ

   _____

📖 읽기

발음에 주의해서 읽어 보세요. Track 046

1. อภัย   ทำให้   รอ
2. โทรหา   ห่วง   เท้า
3. รบกวน   สาย   เหยียบ

✏️ 쓰기

쓰기 1. 다음 문장을 태국어로 쓰세요.

① 늦게 와서 미안합니다.

→ _____

② 괜찮습니다.

→ _____

③ 걱정 마세요.

→ _____

쓰기 2. 다음 단어를 어순에 맞게 문장을 완성하세요.

① ผิด / ฉัน / เอง / ทำ

→ _____

② ติด / หรือ / รถ / คะ

→ _____

③ ขอโทษที่ / โทรหา / ทันที / ไม่ได้

→ _____

복습하기

Track 047

① ขอโทษค่ะ

② ______________________

③ ______________________

④ รถติดหรือครับ

⑤ ค่ะ

⑥ ______________________

문화 엿보기

일반적으로 잘못을 해서 사과의 말을 해야 할 때 '커 톳 크랍/카'라고 하면 돼요. 약속 시간에 늦은 경우나, 길을 가다가 지나가는 사람과 가볍게 부딪혔을 경우에도 미안하다고 말하면 좋겠지요. '커 톳'보다 더 정중한 표현은 '커 아파이 두어이'라고 하며, 주로 손윗사람에게 사용해요. 손아랫사람에게는 '커 톳'이라고 하면 돼요.

상대가 잘못했을 때는 사람이 많은 곳이나 다른 사람 앞에서 꾸짖지 않아요. 단둘이 있을 때 얘기하면 원만하게 사과를 받을 수 있어요. 그래야 자존심이 상하지 않겠지요.

방콕 왓 아룬

UNIT 05

대상 묻기

학습포인트

- 저 사람은 나의 친한 친구예요
- 이것은 태국어로 뭐라고 하나요?
- 동사 เป็น/คือ
- 지시대명사/지시형용사
- 수식사 ว่า

대화

대화 1 누구인지 물어봐요!

Track 048

A : นี่ใครครับ
니 크라이 크랍

B : อาจารย์สมชายค่ะ
아짠 쏨차이 카

A : 이 사람은 누구죠?
B : 쏨차이 교수님이에요.

'เป็น'은 체언 술어문을 만드는 동사로, '~이다'의 뜻이에요. 'เป็น' 외에도 'คือ'가 있으며, 부정 표현으로는 '~이 아니다'의 'ไม่ใช่'를 사용해요.

핵심 포인트

이렇게도 말해요

A : นั่นใครครับ 저 사람은 누구죠?
난 크라이 크랍

B : นั่นเป็นเพื่อนอาจารย์สมชายค่ะ
난 뻰 프언 아짠 쏨차이 카
저 사람은 쏨차이 교수님 친구예요.

교체 연습

นี่ใครครับ
นั่น

นั่นเป็นเพื่อนอาจารย์สมชายค่ะ
เพื่อนสนิทของฉัน
น้องสาวของฉัน

어휘

- □ นี่ 니 이것, 이 사람(지시대명사)
- □ ใคร 크라이 누구
- □ นั่น 난 그것, 그 사람(지시대명사)
- □ เป็น 뻰 ~이다
- □ เพื่อน 프언 친구
- □ สนิท 싸닛 친밀하다
- □ ของ 컹 ~의
- □ น้องสาว 넝 싸우 여동생
- □ โน่น 논 저것, 저 사람 (지시대명사)

대화 2 어떤 과일인지 물어봐요! 🎧 Track 049

A : นี่เรียกว่าอะไรครับ
니̂ 리̂악 와̂ 아라이 크́랍

B : เงาะค่ะ
응어́ 카̂

A : 이것은 뭐라고 하나요?
B : 람부탄이에요.

- '**ว่า**'는 '~라고' 또는 '~인지'로 해석할 수 있어요. 예문과 같이 '**เรียกว่าอะไร**'처럼 어순에 주의해서 표현해야 해요.
- '**นี่เรียกว่าอะไร**'는 궁금한 것이 있을 때 사용해요. 이 표현 한마디만 알아도 유용해요.
- '**นี่ภาษาไทยเรียกว่าอะไร**'는 '이것은 태국어로 어떻게 말해요?'의 의미예요.

핵심 포인트

이렇게도 말해요

A : นี่ภาษาไทยเรียกว่าอะไรครับ
니̂ 파̄싸̌ 타이 리̂악 와̂ 아라이 크́랍
이것은 태국어로 어떻게 말해요?

B : มะม่วงค่ะ 망고예요.
마́무̂엉 카̂

어휘
- เรียก 리̂악 부르다
- ว่า 와̂ ~라고
- มะม่วง 마́무̂엉 망고
- มังคุด 망 쿳 망고스틴
- กล้วย 끌루̂어이 바나나
- มะละกอ 마́ 라́ 꺼̄ 파파야
- แตงโม 땡̄ 모̄ 수박

교체 연습

นี่เรียกว่าอะไรครับ
  ภาษาไทยเรียกว่าอะไร

มะม่วงค่ะ
มังคุด
กล้วย
มะละกอ
แตงโม

 실전 회화

Track 050

สมชาย:	คนโน้นใครครับ
	콘논 크라이 크랍
สุดา:	เพื่อนสนิทของฉันค่ะ
	프언 싸닛 컹 찬 카
	นี่ใครคะ
	니 크라이 카
สมชาย:	นี่มินซู เป็นนักศึกษาเกาหลีครับ
	니 민수 뻰 낙쓱싸 까올리 크랍

쏨차이: 저 사람은 누구죠?
쑤다: 나의 친한 친구예요.
　　　이 사람은 누구예요?
쏨차이: 이 사람은 민수인데
　　　한국 학생이에요.

มินซู:	นี่อะไรครับ
	니 아라이 크랍
สมชาย:	พาพาย่า(papaya)ครับ
	파파야 크랍
มินซู:	นี่ภาษาไทยเรียกว่าอะไรครับ
	니 파싸 타이 리악 와 아라이 크랍
สมชาย:	มะละกอครับ
	말라꺼 크랍

민수: 이것이 뭐예요?
쏨차이: 파파야예요.
민수: 이거 태국어로 어떻게
　　　말해요?
쏨차이: 말라꺼예요.

어휘

- **นักศึกษา** 낙쓱싸 대학생
- **เกาหลี** 까올리 한국
- **นี้** 니 이(지시형용사)
- **นั้น** 난 그(지시형용사)
- **โน้น** 논 저(지시형용사)

확장 문형 배우기

🎧 Track 051

소개할 때

- **นี่เพื่อนร่วมงานของผมครับ** 이분은 저의 직장 동료예요.
  니 프언 루엄 응안 컹 폼 크랍

- **คนนั้นเป็นประธานบริษัทครับ** 저분은 사장님이에요.
  콘 난 뻰 쁘라탄 버리쌋 크랍

궁금할 때

- **มีคำถาม** 질문 있어요.
  미 캄탐
  → 질문을 하기 전에 양해를 구하는 상황에서 표현하면 돼요.

- **แปลว่าอะไร** 뭐라고 번역해요?
  쁠래 와 아라이
  → 'แปลว่าอะไร'는 '뭐라고 번역해요?'와 '무슨 의미인가요?'라는 두 가지 뜻이 있어요. 상황에 따라 사용하면 돼요.

- **หมายความว่าอะไร** 의미가 뭐예요?
  마이 쾀 와 아라이
  → 'หมายความว่าอะไร'는 '당신이 말한 저의가 무엇인가요?'와 의미를 이해하지 못했을 때 '무슨 뜻인가요?'라고 물어보는 두 가지 의미가 있어요.

- **นี่ออกเสียงยังไง** 이거 어떻게 발음해요?
  니 억 씨앙 양 응아이
  → 태국어는 성조가 있는 언어이며, 성조에 따라 의미가 달라질 수 있어서 발음을 정확히 해야 해요.

UNIT 05 대상 묻기 **79**

연습문제

듣기

다음을 듣고 빈칸을 채워 보세요. Track 052

1. ______________ ใครครับ

2. ______________ ใครคะ

3. นั่น ______________ เพื่อนอาจารย์สมชายค่ะ

말하기

질문에 답하세요.

1. นี่ใครครับ

____

2. นี่อะไรครับ

____

3. นี่ภาษาไทยเรียกว่าอะไรครับ

____

읽기

발음에 주의해서 읽어 보세요. Track 053

1. เงาะ	เรียก	ว่า
2. ใคร	อาจารย์	เพื่อน
3. เป็น	สนิท	น้องสาว

✏️ 쓰기

쓰기 **1.** 다음 문장을 태국어로 쓰세요.

① 이 사람은 누구죠?

→ _____

② 저분은 누구죠?

→ _____

③ 제 친구예요.

→ _____

쓰기 **2.** 다음 단어를 어순에 맞게 문장을 완성하세요.

① **เป็น / นั่น / น้องสาว / ของ / ฉัน**

→ _____

② **เรียก / ว่า / นี่ / อะไร / ภาษาไทย**

→ _____

③ **คนนั้น / บริษัท / เป็น / ประธาน**

→ _____

 **복습하기**

 Track 054

 ① คนโน้นใครครับ

 ② _____
　　นี่ใครคะ

 ③ นี่มินซู
　　_____

 ④ _____

 ⑤ พาพาย่า(papaya)ครับ

 ⑥ นี่ภาษาไทยเรียกว่าอะไรครับ

 ⑦ _____

문화 엿보기

　태국에서 혹시 궁금한 것이 있으면 태국 사람에게 직접 물어보세요. 태국에 관심이 많은 것으로 생각해서 친절하게 잘 가르쳐 줍니다. 태국어는 성조가 있어서 발음을 잘못하면 의미가 달라지기 때문에 못 알아듣거나 이해를 못했을 때 다시 물어보는 게 좋아요. 다시 물어보아도 태국 사람들은 친절하게 잘 얘기해 줍니다. 다시 한 번 말해 달라는 표현은 '커 풋 익 크랑 능'이에요.

　때때로 태국 사람들의 말이 너무 빨라서 못 알아들을 때는 '커 풋 차차 너이'라고 하면 천천히 말해 줍니다. 태국의 북부 지방 사람들은 말을 천천히 하는 편이지만 남부 지방 사람일수록 말이 좀 빠른 편이에요.

쑤코타이 역사 공원

UNIT 06

위치 묻기

학습포인트

- 당신의 집은 어디에 있어요?
- 당신의 고향은 어디예요?
- 동사 **อยู่/ไม่อยู่**
- 장소를 나타내는 전치사 **ที่**

 대화

대화 1 어디에 있는지 물어봐요!   Track 055

A : บ้านคุณอยู่ที่ไหนคะ
B : บ้านผมอยู่ซอยสุขุมวิท 23 ครับ

A : 당신의 집은 어디에 있어요?
B : 저의 집은 쑤쿰윗 23가에 있어요.

- 'บ้านคุณอยู่ที่ไหน'는 '집이 어디에 있어요?'라는 의미입니다.
- 'คุณอยู่ที่ไหน'는 2가지 의미가 있어요. '당신이 사는 곳이 어디인가요?'의 의미와 '지금 당신이 어디에 위치하고 있나요?'라고 물어보는 표현입니다.
- 'ผมอยู่ที่ภูเก็ต'이라는 말은 '푸껫에 살아요'라는 의미입니다. 질문에 따라 '지금 있는 곳이 푸껫입니다'라는 의미가 될 수도 있어요.

핵심 포인트

이렇게도 말해요

A : คุณอยู่ที่ไหนคะ 어디에 사세요?
B : ผมอยู่ที่ภูเก็ตครับ 푸껫에 살아요.

교체 연습

คุณ<u>อยู่ที่ไหน</u>คะ
    อาศัยอยู่ที่ไหน

ผมอยู่ที่<u>ภูเก็ต</u>ครับ
    โซล
    เชียงใหม่

어휘
- บ้าน 집
- อยู่ ~에 살다, 있다
- ที่ไหน 어디에
- ซอย 골목길
- อาศัย 거주하다

어법

'อยู่'는 존재를 나타내는 의미로 부정할 때는 'ไม่'가 동사 앞에 옵니다.

예) คุณแม่อยู่ที่ประเทศไทย 어머니는 태국에 계신다.
    คุณพ่อ<u>ไม่อยู่</u>ที่ประเทศไทย 아버지는 태국에 계시지 않는다.

| 대화 2 | 어디에 무엇이 있는지 물어봐요! | Track 056 |

A : โทรศัพท์อยู่ที่ไหนคะ
B : โทรศัพท์อยู่บนโต๊ะครับ

A : 전화는 어디 있어요?
B : 전화는 테이블 위에 있어요.

■ 'อยู่'는 '~에 있다'라는 의미로, 주로 주어 다음에 'อยู่'가 오는 어순입니다.
'ที่'는 '~에'의 의미로, 장소를 나타내는 전치사입니다.

핵심 포인트

이렇게도 말해요

A : ปากกาอยู่ที่ไหนคะ 펜은 어디에 있어요?
B : อยู่ในกระเป๋าครับ 가방 안에 있어요.

교체 연습

ปากกาอยู่ที่ไหนคะ
แว่นตา
หมวก

อยู่ในกระเป๋าครับ
　　หน้า
　　หลัง

어휘
□ โทรศัพท์ 전화
□ โต๊ะ 테이블
□ ปากกา 펜
□ กระเป๋า 가방
□ แว่นตา 안경
□ หมวก 모자

실전 회화

Track 057

สุภา: บ้านคุณอยู่ที่ไหนคะ

สมชาย: บ้านผมอยู่ซอยสุขุมวิท 23 ครับ

สุภา: อยู่ใกล้อะไรคะ

สมชาย: อยู่ใกล้ห้างเอ็มโพเรียมครับ
บ้านเกิดของคุณอยู่ที่ไหนครับ

สุภา: บ้านเกิดของฉันอยู่ที่อยุธยาค่ะ
อยู่ไกลจากที่นี่นิดหน่อยค่ะ

쑤파: 당신의 집은 어디에 있어요?
쏨차이: 저의 집은 쑤쿰윗 23가에 있어요.
쑤파: 어디 근처인가요?
쏨차이: 엠포리엄 백화점 근처예요.
당신의 고향은 어디예요?
쑤파: 제 고향은 아유타야예요. 여기서 좀 멀어요.

🌴 'ใกล้[끌라이]'는 '가깝다'의 의미로 2성으로 발음하며, 'ไกล[끌라이]'는 '멀다'의 의미로 평성으로 발음합니다. 성조에 유의하여 발음해야 해요.

어휘

- ห้าง 백화점
- บ้านเกิด 고향
- ไกล 멀다
- นิดหน่อย 조금, 약간

🌴 장소를 나타내는 전치사

(ข้าง)บน	위(쪽)에
(ข้าง)ล่าง/ใต้	아래(쪽)에
(ข้าง)หน้า	앞(쪽)에
(ข้าง)หลัง	뒤(쪽)에
(ข้าง)ใน	안(쪽)에
(ข้าง)นอก	바깥(쪽)에
ข้างๆ	옆쪽에
(ข้าง)ซ้าย(มือ)	왼편에
(ข้าง)ขวา(มือ)	오른편에
ตรงข้าม	반대편에

확장 문형 배우기

Track 058

- พ่อแม่อยู่ที่ไหนคะ 부모님은 어디에 있어요?
- พ่อแม่อยู่ที่ต่างจังหวัดครับ 부모님은 지방에 있어요.
- พ่อแม่ไม่อยู่กรุงเทพฯครับ 부모님은 방콕에 없어요.

- ดินสออยู่ที่ไหนคะ 연필은 어디에 있어요?
- ดินสออยู่ในลิ้นชักครับ 연필은 서랍 안에 있어요.
- ปากกาไม่อยู่ในลิ้นชักครับ 펜은 서랍 안에 없어요.

- ที่ทำงานของคุณอยู่ที่ไหนคะ 당신의 직장은 어디에 있어요?
- ที่ทำงานของผมอยู่ตรงข้ามห้างเอ็มโพเรียมครับ
  제 직장은 엠포리움 백화점 맞은편에 있어요.
- ที่ทำงานของผมอยู่ไม่ไกลจากรถไฟฟ้าครับ
  제 직장은 지상철에서 멀지 않은 곳에 있어요.

연습문제

🎧 듣기

다음을 듣고 빈칸을 채워 보세요. 🎵 Track 059

1. บ้านคุณอยู่ _____ คะ

2. บ้านผม _____ ซอยสุขุมวิท 23 ครับ

3. คุณ _____

💬 말하기

질문에 답하세요.

1. บ้านคุณอยู่ที่ไหนคะ

   _____

2. ที่ทำงานอยู่ที่ไหนคะ

   _____

3. บ้านเกิดของคุณอยู่ที่ไหนครับ

   _____

📖 읽기

발음에 주의해서 읽어 보세요. 🎵 Track 060

1. บ้าน   ซอย   อาศัย
2. กรุงเทพฯ   โทรศัพท์   โต๊ะ
3. แว่นตา   หมวก   ปากกา

✏️ 쓰기

쓰기 1. 다음 문장을 태국어로 쓰세요.

① 당신의 집은 어디예요?

→ _____

② 서울에 살아요.

→ _____

③ 가방은 어디에 있어요?

→ _____

쓰기 2. 다음 단어를 어순에 맞게 문장을 완성하세요.

① **ที่ทำงาน / ตรงข้าม / อยู่ / ห้าง**

→ _____

② **ต่างจังหวัด / อยู่ / พ่อแม่ / ที่ / ไม่**

→ _____

③ **ไกล / นิดหน่อย / จาก / ที่นี่ / อยู่**

→ _____

복습하기

Track 061

① บ้านคุณอยู่ที่ไหนคะ

② ______________________

③ อยู่ใกล้อะไรคะ

④ อยู่ใกล้ห้างเอ็มโพเรียมครับ
____

⑤ บ้านเกิดของฉันอยู่ที่อยุธยาค่ะ
____

문화 엿보기

태국은 동남아시아의 인도차이나 반도에 위치해 있어요. 태국을 '쁘라텟타이'라고 하는데, '자유의 나라'라는 의미예요. 또한 태국 사람들은 잘 웃기 때문에 태국을 '미소의 나라'라고 하기도 해요. 태국의 면적은 한국의 5배 정도이며, 남북의 길이가 약 1,645km에 달해 버스나 기차로 방콕에서 북부 지방이나 남부 지방까지 가는 데 1박 2일이 걸려요. 방콕은 태국의 정치, 경제, 문화 그리고 교통의 중심지이자 태국의 수도예요.

태국의 왕은 직접 정치를 하지 않지만 국민들에게는 매우 상징적인 존재예요. 국민들에게 영향력이 크다고 할 수 있어요. 태국 국민들은 국왕을 존경하기 때문에 관공서 외에 음식점 등 많은 곳에서 국왕의 사진을 걸어 놓고 있어요. 왕실에 대해서는 경외심이 필요하며, 왕이나 왕족에 대해 함부로 얘기하지 않아요. 국민들은 왕을 알현할 수 있는 기회가 있는데, 국립대 졸업식에서 왕이나 왕족이 직접 졸업장을 수여하기 때문에 졸업생들은 큰 영광으로 여겨요.

아유타야 왓 차이왓타나람

UNIT 07

직업

학습포인트

- 그는 무슨 일을 해요?
- 그는 어디서 일해요?
- 동사 เป็น/ไม่ใช่
- 의문사 ที่ไหน

대화

대화 1 직업이 무엇인지 물어봐요!

Track 062

A : เขาทำงานอะไรคะ

B : เขาเป็นหมอครับ

A : 그는 무슨 일을 해요?
B : 그는 의사입니다.

'คุณทำงานอะไร'는 직업을 물어보는 표현으로, 흔히 사용하는 표현이에요. 이보다 격식을 차린 'คุณมีอาชีพอะไร'(당신은 직업이 뭐예요?)라는 표현은 사적인 자리보다는 예의를 갖춰야 하는 자리에서 사용하는 게 좋겠지요.

핵심 포인트

이렇게도 말해요

A : คุณมีอาชีพอะไรครับ 당신은 직업이 뭐예요?

B : ฉันเป็นตำรวจค่ะ 저는 경찰입니다.

교체 연습

คุณ**มีอาชีพอะไร**ครับ
ทำงานอะไร

ฉันเป็น**ตำรวจ**ค่ะ
พนักงานบริษัท
พนักงานธนาคาร

어휘

- □ ทำงาน 일하다
- □ หมอ 의사
- □ อาชีพ 직업
- □ พนักงานบริษัท 회사원
- □ พนักงานธนาคาร 은행원
- □ ตำรวจ 경찰
- □ อาจารย์ 교수

어법

'เป็น'은 직업이나 국적을 나타내는 경우에 사용하는 동사입니다. 부정을 나타낼 때는 'เป็น' 대신 'ไม่ใช่'를 사용합니다.

예 เขาเป็นอาจารย์ 그는 교수입니다.
เขาไม่ใช่อาจารย์ 그는 교수가 아닙니다.

대화 2 어디에서 일하는지 물어봐요!

Track 063

A: เขาทำงานที่ไหนคะ

B: เขาทำงานที่เชียงใหม่ครับ

A : 그는 어디에서 일하세요?
B : 그는 치앙마이에서 일합니다.

'คุณทำงานที่ไหน'의 표현은 '일하고 있는 장소를 물어보는 건지' 또는 '회사 이름이 무엇인지'를 물어보는 의미예요. 대답은 '○○에서 일합니다' 또는 '○○ 회사에서 일합니다'라고 할 수 있어요.

핵심 포인트

이렇게도 말해요

A: คุณทำงานที่ไหนคะ 당신은 어디서 일해요?

B: ผมทำงานที่บริษัทไอบีเอ็มครับ
저는 아이비엠 회사에서 근무합니다.

어휘

- เชียงใหม่ 치앙마이
- ไอบีเอ็ม I.B.M.

교체 연습

คุณทำงาน**ที่ไหน**คะ

ผมทำงานที่**บริษัทเอสโซ่**ครับ
บริษัทซัมซุง

실전 회화

Track 064

สุภา: คุณมีอาชีพอะไรคะ

สมชาย: ผมเป็นทหารครับ

สุภา: ทหารอะไรคะ

สมชาย: ทหารบกครับ

คุณทำงานอะไรครับ

สุภา: ฉันเป็นครูค่ะ

쑤파: 당신은 직업이 뭐예요?
쏨차이: 저는 군인입니다.
쑤파: 어떤 군인이요?
쏨차이: 육군입니다. 당신은 무슨 일을 해요?
쑤파: 저는 교사예요.

어휘

- ☐ ทหาร 군인
- ☐ ทหารบก 육군
- ☐ ครู 교사

확장 문형 배우기

Track 065

심화 보충 단어

사업가	นักธุรกิจ	공무원	ข้าราชการ
운동선수	นักกีฬา	간호사	นางพยาบาล
가수	นักร้อง	약사	เภสัชกร
배우	นักแสดง	상인(남자)	พ่อค้า
기자	นักข่าว	상인(여자)	แม่ค้า
외교관	นักการทูต	매니저	ผู้จัดการ
학생	นักเรียน	운전사	คนขับรถ
정치인	นักการเมือง	변호사	ทนายความ
대학생	นักศึกษา	요리사(남자)	พ่อครัว
목수	ช่างไม้	요리사(여자)	แม่ครัว
수리공	ช่างซ่อม	엔지니어	วิศวกร

'**นัก**'은 단어의 앞에서 전문적인 일을 하는 사람을 나타냅니다.

'**ช่าง**'은 기술자를 의미합니다.

직업 묻고 답하기

A : **คุณทำงานบริษัทอะไรครับ** 무슨 회사에서 일하세요?

B : **ฉันทำงานบริษัทกูเกิลค่ะ** 저는 구글에서 일해요.

A : **คุณทำงานที่แผนกไหนครับ** 어느 부서에서 근무하세요?

B : **ฉันทำงานที่แผนกบัญชีค่ะ** 경리부서에서 일해요.

 # 연습문제

🎧 **듣기**

다음을 듣고 빈칸을 채워 보세요. 🎧 Track 066

1. คุณ _____ อะไร

2. ผม _____ ข้าราชการ

3. คุณมี _____ คะ

💬 **말하기**

질문에 답하세요.

1. คุณทำงานอะไรคะ

   _____

2. คุณมีอาชีพอะไรคะ

   _____

3. คุณทำงานที่ไหนคะ

   _____

📖 **읽기**

발음에 주의해서 읽어 보세요. 🎧 Track 067

1. ทำงาน   อาชีพ   ข้าราชการ
2. ครู   นักศึกษา   พนักงานธนาคาร
3. ทหาร   หมอ   วิศวกร

쓰기

쓰기 1. 다음 문장을 태국어로 쓰세요.

① 당신은 어디서 일해요?

→

② 당신은 직업이 뭐예요?

→

③ 나는 대학생입니다.

→

쓰기 2. 다음 단어를 어순에 맞게 문장을 완성하세요.

① พนักงาน / ฉัน / เป็น / บริษัท

→

② ไหน / ที่ / ทำงาน / คุณ / แผนก

→

③ ที่ / ทำงาน / ฉัน / บัญชี / แผนก

→

복습하기

Track 068

① คุณมีอาชีพอะไรคะ

② ____________________

③ ทหารอะไรคะ

④ ____________________
คุณทำงานอะไรครับ

⑤ ____________________

문화 엿보기

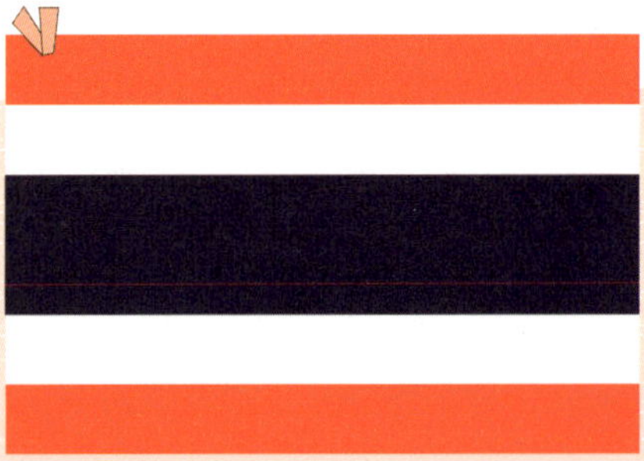

태국 국기는 빨간색과 흰색 그리고 파란색으로 구성되어 있어요. 빨간색은 국민, 흰색은 불교, 그리고 파란색은 국왕을 상징해요. 태국 국기를 '통찻타이'라고 불러요. 태국은 국기 게양식과 하기식이 있는데 게양은 아침 8시에, 하기는 오후 6시에 해요.

태국은 요일별 색깔이 있어요. 태어난 요일에 따른 색깔을 알아볼까요? 일요일은 빨간색, 월요일은 노란색, 화요일은 분홍색, 수요일은 초록색, 목요일은 주황색, 금요일은 하늘색, 토요일은 보라색이에요.

더 베네치아 후아힌

UNIT 08

시간 표현

학습포인트

- 오후 2시예요
- 2분 느려요
- 의문사 กี่
- 태국어 시간 표현
- 태국 숫자와 고유 숫자

대화

대화 **1** 몇 시인지 물어봐요!	Track 069
A : ตอนนี้ กี่โมงครับ B : 9 โมงครึ่งค่ะ	A : 지금 몇 시예요? B : 오전 9시 30분이에요.

▪ '몇 시예요?'는 '**กี่โมงแล้ว**'와 '**เวลาเท่าไร**'라고도 합니다.

'30분'을 나타낼 때는 '**ครึ่ง**' 또는 '**30 นาที**'라고 합니다.

시간에 관한 단위는 '시간(**ชั่วโมง**), 시(**โมง**), 분(**นาที**), 초(**วินาที**)'를 사용합니다.

핵심 포인트

이렇게도 말해요

A : **กี่โมงแล้วครับ** 몇 시예요?
B : **บ่าย 2 โมงค่ะ** 오후 2시예요.

교체 연습

ตอนนี้ <mark>กี่โมง</mark>ครับ

ตอนนี้ เที่ยง 20 นาทีค่ะ
     บ่าย 3 โมง 40 นาที
     5 โมงเย็น
     4 ทุ่ม

어휘
- ☐ **ตอนนี้** 지금
- ☐ **กี่** 몇
- ☐ **โมง** 시
- ☐ **ครึ่ง** 반

어법

시간대에 따른 표현

자정 : **เที่ยงคืน**	새벽 1시~5시 : **ตี**	오전 6시~11시 : **โมงเช้า**
정오 : **เที่ยงวัน**	오후 1시~3시 : **บ่าย**	오후 4시~6시 : **โมงเย็น**
밤 7시~11시 : **ทุ่ม**		

| 대화 2 | 시간이 정확한지 물어봐요! | Track 070 |

A : นาฬิกาเรือนนี้ตรงไหมครับ
B : เร็วไป 3 นาทีค่ะ

A : 이 시계가 맞나요?
B : 3분 빠릅니다.

핵심 포인트

이렇게도 말해요

A : นาฬิกาเรือนนั้นตรงไหมครับ 저 시계가 맞나요?
B : ช้าไป 2 นาทีค่ะ 2분 느립니다.

교체 연습

นาฬิกาเรือนนั้นตรงไหมครับ

ช้าไป 2 นาทีค่ะ
เร็วไป 5 นาที
ช้าไปนิดหน่อย

어휘
- นาฬิกา 시계
- เรือน 시계를 나타내는 수량사
- ตรง 정각, 정확하다
- เร็ว 빠르다
- ไป 가다
- ช้า 느리다

실전 회화

 Track 071

สุดา: ตอนนี้ กี่โมงคะ

สมชาย: บ่าย 2 โมงครับ

สุดา: นาฬิกาเรือนนั้นตรงไหมคะ

สมชาย: ช้าไป 5 นาทีครับ

สุดา: ช่วยปรับนาฬิกาให้ตรงเวลาหน่อยค่ะ

สมชาย: แบตเตอรี่หมดแล้วครับ

쑤다: 지금 몇 시예요?
쏨차이: 오후 2시입니다.
쑤다: 저 시계가 맞나요?
쏨차이: 5분 느립니다.
쑤다: 시간을 정확하게 맞춰 주세요.
쏨차이: 배터리가 다 되었네요.

🌴 시간 표현

AM

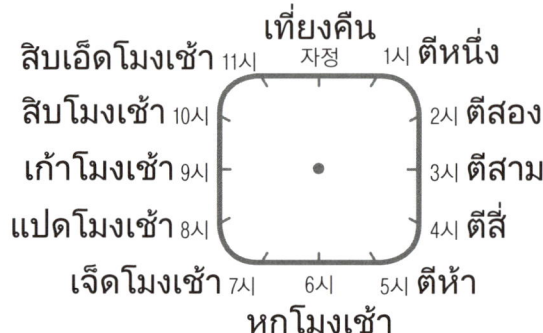

어휘

☐ **ปรับ** 조절하다
☐ **ตรงเวลา** 제시간에, 정시에
☐ **แบตเตอรี่** 배터리
☐ **หมด** 없어지다

PM

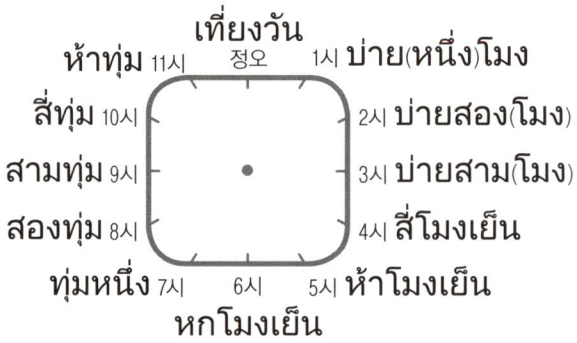

확장 문형 배우기

Track 072

태국어 숫자

1	หนึ่ง	11	สิบเอ็ด	30	สามสิบ
2	สอง	12	สิบสอง	100	ร้อย
3	สาม	13	สิบสาม	1,000	พัน
4	สี่	14	สิบสี่	10,000	หมื่น
5	ห้า	15	สิบห้า		
6	หก	16	สิบหก		
7	เจ็ด	17	สิบเจ็ด		
8	แปด	18	สิบแปด		
9	เก้า	19	สิบเก้า		
10	สิบ	20	ยี่สิบ		

태국 고유 숫자

1	๑	6	๖
2	๒	7	๗
3	๓	8	๘
4	๔	9	๙
5	๕	10	๑๐

 # 연습문제

듣기

다음을 듣고 빈칸을 채워 보세요. Track 073

1. ตอนนี้ _____ ครับ

2. _____ ครึ่งค่ะ

3. _____ 2 โมงค่ะ

말하기

질문에 답하세요.

1. ตอนนี้ กี่โมงครับ

   _____

2. กี่โมงแล้วครับ

   _____

3. นาฬิกาเรือนนี้ตรงไหมครับ

   _____

읽기

발음에 주의해서 읽어 보세요. Track 074

1. นาฬิกา   เรือน   ตรง
2. เร็ว   ไป   ช้า
3. ทุ่ม   เย็น   เที่ยงคืน

✏️ 쓰기

쓰기 1. 다음 문장을 태국어로 쓰세요.

① 지금 몇 시예요?

→ _____

② 오전 10시입니다.

→ _____

③ 5분 느립니다.

→ _____

쓰기 2. 다음 단어를 어순에 맞게 문장을 완성하세요.

① **หมด / ครับ / แบตเตอรี่ / แล้ว**

→ _____

② **ครึ่ง / ตี / ตอนนี้ / ห้า**

→ _____

③ **ปรับ / นาฬิกา / ตรงเวลา / ให้ / ช่วย**

→ _____

복습하기

Track 075

① ตอนนี้ กี่โมงคะ

② ________________

③ นาฬิกาเรือนนั้นตรงไหมคะ

④ ________________

⑤ ช่วยปรับนาฬิกาให้ตรงเวลาหน่อยค่ะ

⑥ ________________

문화 엿보기

태국의 은행은 월요일부터 금요일까지 영업하는데, 백화점에서는 주말에도 업무를 볼 수 있는 편의를 제공해요. 태국의 은행권은 지역별로 중부, 북부, 동북부, 남부로 나누어져 있어서 다른 지역에서 입출금할 때 은행 수수료를 부담해야 해요. 태국의 화폐 단위는 바트이며, 지폐 종류는 20바트, 50바트, 100바트, 500바트, 1000바트가 있으며 동전은 25싸땅, 50싸땅, 1바트, 2바트, 5바트, 10바트가 있어요.

파타야 농눅 빌리지

UNIT 09

개인 신상

학 습 포 인 트

- 실례지만, 몇 살이세요?
- 당신보다 나이가 많아요
- 의문사 เท่าไร
- 비교급 กว่า

 # 대화

대화 1 몇 살인지 물어봐요! 　　　　　　　　　　🎧 Track 076

A : **คุณอายุเท่าไรคะ**

B : **25 ปีครับ**

> A : 당신은 몇 살이에요?
> B : 25살입니다.

∷ **ปี**는 12세 이상의 나이를 말할 때 쓰고 12세 이하인 경우에는 **ขวบ**을 씁니다.

핵심 포인트

이렇게도 말해요

A : **ขอโทษนะครับ คุณพ่ออายุเท่าไรครับ**
실례지만 아버님은 연세가 어떻게 되나요?

B : **57 ปีค่ะ** 57세입니다.

교체 연습

ขอโทษนะครับ　**คุณพ่อ**อายุเท่าไรครับ
　　　　　　　คุณแม่
　　　　　　　น้องสาว

59 ปีค่ะ
57 ปี
10 ขวบ

어휘
- **อายุ** 나이
- **เท่าไร** 얼마
- **ปี** ~살, ~세
- **คุณพ่อ** 아버지
- **คุณแม่** 어머니
- **น้องสาว** 여동생

대화 2 몇 살 차이인지 물어봐요!

🎧 Track 077

A : คุณกับสามีของคุณใครอายุมากกว่ากันคะ
B : สามีอายุมากกว่าฉัน 3 ปีค่ะ

> A : 당신과 당신 남편 중 누가 더 나이가 많은가요?
> B : 남편이 저보다 3살 더 많습니다.

▪ '**ปี**'는 나이를 말할 때 '~살/세'의 의미입니다. 숫자 뒤에 '**ปี**'가 오면 나이가 몇인지를 의미합니다. 한편 연도를 나타낼 때는 '~년'으로 쓰입니다. '**ปี**' 뒤에 숫자가 오면 연도를 의미합니다.

핵심 포인트

이렇게도 말해요

A : คุณอายุมากกว่าน้องชายกี่ปีครับ
  남동생보다 몇 살 더 많은가요?

B : ฉันอายุมากกว่าน้องชาย 3 ปีค่ะ
  남동생보다 3살 더 많아요.

교체 연습

คุณอายุมากกว่าน้องชาย**กี่ปี**ครับ
    ฉันอายุมากกว่าน้องชาย **3** ปีค่ะ
คุณอายุมากกว่าน้องสาว**กี่ปี**ครับ
    ฉันอายุมากกว่าน้องสาว **2** ปีค่ะ
พี่สาวอายุมากกว่าคุณ**กี่ปี**ครับ
    พี่สาวอายุมากกว่าฉัน **4** ปีค่ะ

어휘
- **กับ** ~와 함께
- **สามี** 남편
- **มาก** 많다
- **กว่า** ~보다도
- **กัน** 서로, 함께
- **น้องชาย** 남동생
- **กี่** 몇
- **สูง** 키가 크다
- **พี่สาว** 언니, 누나

어법

태국어의 비교급의 어순

① 동사 + 부사 + **กว่า** + 비교 대상
  เขามีอายุมากกว่าฉัน 그는 나보다 나이가 많다.

② 형용사 + **กว่า** + 비교 대상
  ฉันสูงกว่าเขา 나는 그보다 키가 크다.

UNIT 09 개인 신상

실전 회화

Track 078

สุดา: ขอโทษนะคะ คุณอายุเท่าไรคะ

สมชาย: 25 ปีครับ คุณล่ะครับ

สุดา: ดิฉันอายุมากกว่าคุณค่ะ ปีนี้ดิฉันอายุ 29 ปีค่ะ

สมชาย: ดูเด็กกว่าอายุครับ

쑤다: 실례지만 몇 살이에요?
쏨차이: 25살입니다. 당신은요?
쑤다: 당신보다 나이가 많아요. 저는 올해 29살이에요.
쏨차이: 나이에 비해 어려 보이네요.

어휘

- **ล่ะ** ~는요(의문·명령·청유 문에 쓰이는 어조사)
- **ปีนี้** 올해
- **ดู** 보다
- **เด็ก** 아이, 어리다

확장 문형 배우기

Track 079

심화 보충 단어

ปู่ 할아버지 / ย่า 할머니	ตา 외할아버지 / ยาย 외할머니
พ่อ 아버지	แม่ 어머니
ลุง 아버지 손위(남자) / ป้า 아버지 손위(여자)	ลุง 어머니 손위(남자) / ป้า 어머니 손위(여자)
อา 아버지 동생(삼촌, 고모)	น้า 어머니 동생(외삼촌, 이모)
พี่ชาย 오빠/형	พี่สาว 언니/누나
น้องชาย 남동생	น้องสาว 여동생
หลานชาย 조카/손자	หลานสาว 조카/손녀

나이 표현

- **ลองทายอายุของฉันดูค่ะ** 제 나이를 맞춰 보세요.
- **ดูหนุ่มเหมือนเดิมเลยครับ** (남성일 경우) 여전히 젊어 보이네요.
- **ดูสาวเหมือนเดิมเลยครับ** (여성일 경우) 여전히 젊어 보이네요.

연습문제

🎧 듣기

다음을 듣고 빈칸을 채워 보세요. 🎧 Track 080

1. คุณอายุ _____ คะ

2. 25 _____ ครับ

3. สามีอายุมาก _____ ฉัน 2 ปีค่ะ

💬 말하기

질문에 답하세요.

1. คุณอายุเท่าไรคะ

   _____

2. ขอโทษนะครับ คุณพ่ออายุเท่าไรครับ

   _____

3. คุณกับสามีของคุณใครอายุมากกว่ากันคะ

   _____

📖 읽기

발음에 주의해서 읽어 보세요. 🎧 Track 081

1. อายุ   เท่าไร   เด็ก
2. คุณพ่อ   คุณแม่   พี่สาว
3. กว่า   สูง   หลาน

✏️ 쓰기

쓰기 1. 다음 문장을 태국어로 쓰세요.

① 28살입니다.

  →

② 그는 나보다 나이가 많아요.

  →

③ 나는 당신보다 나이가 많아요.

  →

쓰기 2. 다음 단어를 어순에 맞게 문장을 완성하세요.

① ปี / มากกว่า / ผม / อายุ / พี่สาว / 2

  →

② กับ / คุณ / กว่ากัน / ใคร / สามีของคุณ / อายุ / มาก

  →

③ เด็ก / อายุ / กว่า / ดู

  →

복습하기

Track 082

① ขอโทษนะคะ

____

② ______________

คุณล่ะครับ

③ ______________

ปีนี้ดิฉันอายุ 29 ปีค่ะ

④ ______________

문화 엿보기

태국 국민의 90% 이상이 종교가 불교예요. 태국 불교는 소승불교이며 불교 유적지, 사원, 불상 등을 태국 전역에서 쉽게 볼 수 있어요. 불교 신자들은 주로 절에 가서 시주하는 등 공덕을 쌓아요. 이를 '탐분'이라고 하며, 불교의 가르침에 따라 이렇게 공덕을 쌓으면 내생에 보답을 받는다고 여겨요. 불교는 태국의 전통 문화를 비롯하여 태국 사람의 삶에 많은 영향을 줘요.

태국에서는 남자가 만 20세가 되면 출가하여 일정 기간 수도 생활을 해야 해요. 이것을 '부엇'이라고 해요. 과거에는 3년간 승려 수업을 받았으나 지금은 최소 1주일에서 3개월 정도 단기간 승려 생활을 해요. 결혼 전에 한 번은 승려 수업을 받아야 하며, 승려 수업을 받지 않은 사람은 '콘딥'이라 하며 참된 어른으로 생각하지 않아요. 사회에서도 수도 생활을 한 남자가 더 대접받아요. '부엇'을 하는 것은 부모님에게 효도를 하는 거예요. 잠시나마 부처님의 제자가 되어 부모님의 죄를 씻고 나중에 부모님이 극락으로 갈 수 있다고 믿기 때문이에요.

치앙마이 왓 프라씽

UNIT 10

날짜 표현

학습포인트

- 내일은 며칠이죠?
- 생일이 언제예요?
- 날짜 표현(어순)
- 의문사 เมื่อไร

대화

대화 1 며칠인지 물어봐요!

Track 083

A : **พรุ่งนี้วันที่เท่าไรครับ**

B : **พรุ่งนี้วันที่ 21 ค่ะ**

A : 내일은 며칠이죠?
B : 21일입니다.

며칠인지 날짜를 말할 때는 '몇 번째 날'이라고 서수로 말해야 합니다. 기수 앞에 '**ที่**'를 넣어 표현합니다. '며칠이죠?'는 '**วันที่เท่าไร**'라고 표현하며, 대답할 때도 예를 들어 '2일'인 경우 '두 번째 날'을 의미하는 '**วันที่ 2**'이라고 표현합니다.

핵심 포인트

이렇게도 말해요

A : **วันที่เท่าไรครับ** 며칠이죠?

B : **วันที่ 17 สิงหาคมค่ะ** 8월 17일입니다.

어휘

- □ **พรุ่งนี้** 내일
- □ **วัน** 날, 일
- □ **สิงหาคม** 8월

교체 연습

พรุ่งนี้วันที่เท่าไรครับ

พรุ่งนี้วันที่ 3 พฤษภาคมค่ะ
วันที่ 22 กันยายน
วันที่ 31 ธันวาคม

어법

'몇 월 며칠'을 표현할 때는 '**วันที่** + 숫자 + **เดือน**'의 어순입니다.

예 1월 1일 : **วันที่ 1 มกราคม**

1월	2월	3월	4월	5월	6월
มกราคม	กุมภาพันธ์	มีนาคม	เมษายน	พฤษภาคม	มิถุนายน
7월	8월	9월	10월	11월	12월
กรกฎาคม	สิงหาคม	กันยายน	ตุลาคม	พฤศจิกายน	ธันวาคม

구어체에서는 끝 음절인 **คม**, **ยน**, **พันธ์**을 생략합니다.

| 대화 2 | 생일이 언제인지 물어봐요! | Track 084 |

A : **วันเกิดวันที่เท่าไรครับ**
B : **วันที่ 5 ตุลาคมค่ะ**

A : 생일이 며칠인가요?
B : 10월 5일입니다.

:: '생일이 언제예요?'는 '**วันเกิดเมื่อไร**'로 표현할 수 있어요.
생일 등 날짜를 연도까지 표현할 때는 '일/월/연도(**วันที่** + 숫자 + **เดือน** + **ปี**)'의 어순입니다.

핵심 포인트

이렇게도 말해요

A : **วันเกิดเมื่อไรครับ** 생일이 언제예요?
B : **วันที่ 18 มิถุนายนค่ะ** 6월 18일입니다.

교체 연습

วันเกิดของคุณ   **วันที่เท่าไรครับ**
วันที่ 18 มิถุนายนค่ะ

วันแม่แห่งชาติของไทย   **วันที่เท่าไรครับ**
วันที่ 12 สิงหาคมค่ะ

어휘
- **วันเกิด** 생일
- **ตุลาคม** 10월
- **เมื่อไร** 언제
- **มิถุนายน** 6월
- **วันแม่** 어머니날
- **แห่งชาติ** 국립
- **ไทย** 태국
- **สิงหาคม** 8월

 **실전 회화**

 Track 085

สุดา:	คุณจะสอบปลายภาคเสร็จเมื่อไรคะ
มินซู:	ผมสอบปลายภาคเสร็จวันที่ 20 มิถุนายนครับ
สุดา:	ปิดเทอมหน้าร้อนเริ่มเมื่อไรคะ
มินซู:	สอบเสร็จแล้วก็ปิดเทอมเลยครับ
สุดา:	เปิดเทอมเมื่อไรคะ
มินซู:	วันที่ 4 กันยายนครับ

쑤다: 기말고사는 언제 끝나요?
민수: 6월 20일에 끝나요.
쑤다: 여름 방학은 언제 시작해요?
민수: 시험 끝나고 바로 방학이에요.
쑤다: 개학은 언제 해요?
민수: 9월 4일이에요.

어휘

- **สอบ** 시험 보다
- **ปลายภาค** 기말
- **เสร็จ** 끝나다, 마치다
- **ปิดเทอม** 방학
- **หน้าร้อน** 여름
- **เริ่ม** 시작하다
- **แล้วก็** 그러고 나서, 그 다음에
- **เลย** 전혀, 완전히

확장 문형 배우기

Track 086

심화 보충 단어

ปี 년	ปีที่แล้ว 작년	ปีนี้ 올해	ปีหน้า 내년
เดือน 달	เดือนที่แล้ว 지난달	เดือนนี้ 이번 달	เดือนหน้า 다음 달
อาทิตย์ 주	อาทิตย์ที่แล้ว 지난주	อาทิตย์นี้ 이번 주	อาทิตย์หน้า 다음 주
วัน 날, 일	เมื่อวาน(นี้) 어제	วันนี้ 오늘	พรุ่งนี้ 내일

축하 표현

A: **พรุ่งนี้เป็นวันเกิดของฉัน** 내일은 제 생일입니다.
B: **สุขสันต์วันเกิด** 생일 축하합니다.

A: **น้องสาวฉันได้เป็นนางสาวไทยปีนี้** 제 여동생이 올해 미스타이랜드가 되었어요.
B: **ยินดีด้วย** 축하해요.

연습문제

듣기

다음을 듣고 빈칸을 채워 보세요. Track 087

1. พรุ่งนี้วันที่ _____ ครับ

2. _____ เท่าไรคะ

3. วันนี้วันที่ _____ ธันวาคมค่ะ

말하기

질문에 답하세요.

1. พรุ่งนี้วันที่เท่าไรครับ

   _____

2. วันเกิดวันที่เท่าไรครับ

   _____

3. วันแม่แห่งชาติของไทย วันที่เท่าไรครับ

   _____

읽기

발음에 주의해서 읽어 보세요. Track 088

1. วันเกิด   ตุลาคม   แห่งชาติ
2. สิงหาคม   ไทย   มิถุนายน
3. ปลายภาค   เสร็จ   หน้าร้อน

쓰기

쓰기 1. 다음 문장을 태국어로 쓰세요.

① 생일이 언제예요?

→

② 축하해요.

→

③ 10월 5일

→

쓰기 2. 다음 단어를 어순에 맞게 문장을 완성하세요.

① เมื่อไร / เสร็จ / คุณ / ปลายภาค / สอบ / จะ

→

② หน้าร้อน / ปิดเทอม / เมื่อไร / เริ่ม

→

③ วันเกิด / ฉัน / มิถุนายน / วันที่ 18 / ของ

→

복습하기

Track 089

① คุณจะสอบปลายภาคเสร็จเมื่อไรคะ

② ____________________

③ ปิดเทอมหน้าร้อนเริ่มเมื่อไรคะ

④ ____________________

⑤ เปิดเทอมเมื่อไรคะ

⑥ ____________________

문화 엿보기

방콕에서 항공, 기차, 버스를 이용해서 지방으로 갈 수 있어요. 항공은 돈므앙 공항에서 국내선을 이용할 수 있어요. 기차는 방콕의 후어람퐁 역에서 지방으로 가는 열차를 이용할 수 있는데, 태국의 기차는 특실, 1등칸, 2등칸, 3등칸이 모두 같은 열차에 있어요. 그리고 버스는 지역 노선에 따라 터미널이 다른 곳에 위치해 있어요. 북부나 동북부 노선은 머칫 터미널, 동부 노선은 엑까마이 터미널, 남부 노선은 싸이따이 터미널에서 출발해요.

태국의 교통수단 중에 바퀴가 세 개로 개조된 '뚝뚝'은 어디서나 이용할 수 있어요. '랍짱'은 오토바이 택시로 교통 체증이 심할 때 좁은 길을 빠르게 갈 수 있어요. 그리고 '썽태우'는 두 줄로 좌석이 만들어진 소형 트럭 형태로 지방에서 많이 볼 수 있어요. 방콕에는 다양한 교통편이 있어서 여행할 경우 편리하지만, 지방에서는 썽태우를 많이 이용하게 되는데 보통 택시를 대신해서 이용해요.

꺼따오 꺼낭유언

UNIT 11

요일

학 습 포 인 트

- 내일은 무슨 요일이에요?
- 이번 금요일에 태국 요리를 배우러 갈 거예요
- 요일/시간 부사구
- 미래 조동사 จะ

대화

대화 1 무슨 요일인지 물어봐요! 🎧 Track 090

A : พรุ่งนี้วันอะไรคะ
B : พรุ่งนี้วันศุกร์ครับ

A : 내일은 무슨 요일이에요?
B : 내일은 금요일입니다.

▪ 요일을 물어볼 때는 **วันอะไร**라고 표현합니다.

핵심 포인트

이렇게도 말해요

A : **พรุ่งนี้วันอะไรคะ** 내일은 무슨 요일이에요?
B : **พรุ่งนี้วันเสาร์ครับ** 내일은 토요일입니다.

교체 연습

พรุ่งนี้<mark>วันอะไร</mark>คะ
พรุ่งนี้<mark>วันเสาร์</mark>ครับ
　　　<mark>วันอังคาร</mark>
　　　<mark>วันพฤหัส</mark>
　　　<mark>วันพุธ</mark>

어휘
- พรุ่งนี้ 내일
- วันจันทร์ 월요일
- วันอังคาร 화요일
- วันพุธ 수요일
- วันพฤหัส(บดี) 목요일
- วันศุกร์ 금요일
- วันเสาร์ 토요일
- วันอาทิตย์ 일요일

대화 2 이번 금요일에 무엇을 하는지 물어봐요!   🎧 Track 091

A : **วันศุกร์นี้คุณจะทำอะไรคะ**
B : **วันศุกร์นี้จะไปเรียนทำอาหารไทยครับ**

> A : 이번 금요일에 무엇을 할 거예요?
> B : 이번 금요일에 태국 요리 배우러 갈 거예요.

- **วันศุกร์นี้**는 '이번 금요일'이라는 뜻으로, '요일 + **นี้**'는 '이번 ~요일'을 의미합니다.
- **예) วันเสาร์นี้** 이번 토요일, **วันอาทิตย์นี้** 이번 일요일, **วันจันทร์นี้** 이번 월요일
- **จะ**는 미래를 나타내는 조동사로 동사 앞에 위치합니다.

핵심 포인트

이렇게도 말해요

A : **วันอาทิตย์หยุดไหมคะ** 일요일에 쉬어요?
B : **หยุดครับ** 쉬어요.

교체 연습

วันอาทิตย์หยุดไหมคะ
วันเสาร์
ช่วงปีใหม่

어휘
- **จะ** 미래를 나타내는 조동사
- **เรียน** 배우다
- **อาหารไทย** 태국 음식
- **หยุด** 쉬다, 멈추다
- **ไหม** 의문조사
- **ช่วงปีใหม่** 새해 기간
- **พ่อแม่** 부모

어법

태국어의 미래 시제는 시간 부사구나 조동사를 통해 표현합니다.
① 시간 부사구를 활용한 문장
  พรุ่งนี้พ่อแม่มากรุงโซล 내일 부모님이 서울에 옵니다.
  เดือนหน้าฉันไปเมืองไทย 다음 달에 나는 태국에 갈 것이다.
② 조동사 **จะ**를 활용한 문장
  จะไปเมื่อไร 언제 갈 거니?
  เขาจะไปเมืองไทย 그는 태국에 갈 거예요.

실전 회화

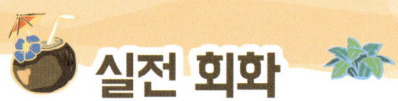

Track 092

สุภา: บริษัทของคุณทำงานวันไหน ถึงวันไหนคะ

มินซู: บริษัทของผมทำงานวันจันทร์ ถึงวันเสาร์ครับ วันเสาร์ทำงานเฉพาะตอนเช้าครับ

สุภา: วันอาทิตย์หยุดไหมคะ

มินซู: หยุดวันอาทิตย์วันเดียวครับ

สุภา: วันอาทิตย์นี้คุณจะทำอะไรคะ

มินซู: วันอาทิตย์นี้จะไปเรียนทำอาหารไทย ครับ

쑤파: 당신의 회사는 무슨 요일부터 무슨 요일까지 일해요?
민수: 저희 회사는 월요일부터 토요일까지 일해요. 토요일은 오전만 근무합니다.
쑤파: 일요일은 쉬어요?
민수: 일요일 하루만 쉬어요.
쑤파: 이번 일요일에 무엇을 할 거예요?
민수: 이번 일요일에 태국 요리 배우러 갈 거예요.

ตั้งแต่(부터) **ถึง**(까지) : 시작과 끝나는 시점을 나타내는 전치사입니다. **ถึง**과 같은 의미로 **จนถึง**과 **จน**가 있습니다.

예 **ตั้งแต่เช้าจนเย็น** 아침부터 저녁까지
ตั้งแต่เดือนมีนาคมถึงเดือนมิถุนายน 3월부터 6월까지
ตั้งแต่สามทุ่ม 밤 9시부터

어휘

- □ **บริษัท** 회사
- □ **ทำงาน** 일하다
- □ **ถึง** ~까지
- □ **เฉพาะ** 오로지, ~만
- □ **ตอนเช้า** 아침에
- □ **วันเดียว** 하루, 1일

확장 문형 배우기

Track 093

심화 보충 단어

ทุกวัน	ทุกสัปดาห์	ทุกเดือน	ทุกปี
매일	매주	매달	매년
ทั้งวัน	ทั้งสัปดาห์	ทั้งเดือน	ทั้งปี
하루 종일	한 주 내내	한 달 내내	일년 내내
หลายวัน	หลายสัปดาห์	หลายเดือน	หลายปี
여러 날	여러 주	여러 달	여러 해

시간 부사구를 활용한 표현

- **ทุกๆ วันเสาร์** 매주 토요일
  ทุกๆ วันเสาร์ผมจะไปวัด 매주 토요일마다 나는 절에 가요.

- **บ่ายวันศุกร์** 금요일 오후
  รถแน่นตั้งแต่บ่ายวันศุกร์ 금요일 오후부터 차가 넘쳐 나요.

- **วันจันทร์ที่แล้ว** 지난 월요일
  วันจันทร์ที่แล้วคุณทำอะไร 지난 월요일에 무엇을 했어요?

- **วันหยุดราชการ** 공휴일
  วันหยุดราชการตรงกับวันอาทิตย์ 공휴일이 일요일과 겹쳐요.

연습문제

🎧 듣기

다음을 듣고 빈칸을 채워 보세요. 🎧 Track 094

1. วันนี้ _____ คะ

2. วันนี้ _____ ครับ

3. _____ วันอะไรคะ

💬 말하기

다음 질문에 답하세요.

1. พรุ่งนี้วันอะไรคะ

_____

2. วันอาทิตย์หยุดไหมคะ

_____

3. วันเสาร์นี้คุณจะทำอะไรคะ

_____

📖 읽기

다음 문장을 읽어 보세요. 🎧 Track 095

1. ทุก ๆ วันเสาร์ผมจะไปวัด

2. รถแน่นตั้งแต่บ่ายวันศุกร์

3. วันหยุดราชการตรงกับวันอาทิตย์

✏️ 쓰기

쓰기 1. 다음을 태국어로 쓰세요.

① 오늘 금요일이야.

→ _____

② 내일은 무슨 요일이야?

→ _____

③ 내일은 토요일이야.

→ _____

쓰기 2. 다음 단어를 어순에 맞게 문장을 완성하세요.

① วันอาทิตย์ / ไหม / หยุด

→ _____

② ไป / จะ / เมืองไทย / เดือนหน้า / ฉัน

→ _____

③ บริษัท / ผม / วันจันทร์ / วันศุกร์ / ทำงาน / ของ / ถึง

→ _____

복습하기

Track 096

① บริษัทของคุณทำงานวันไหนถึงวันไหนคะ

② บริษัทของผมทำงานวันจันทร์ถึงวันเสาร์ครับ

____

③ วันอาทิตย์หยุดไหมคะ

④ ____________________

⑤ วันอาทิตย์นี้คุณจะทำอะไรคะ

⑥ ____________________

문화 엿보기

태국에서는 타인의 머리를 만지거나 때리지 말아야 해요. 아무리 친한 사이라도 머리를 만지는 행동은 금물이에요. 물건을 머리 위로 전달하지도 않아요. 그리고 발을 사용해서 물건을 가리키면 절대 안 돼요. 발을 사용하는 것은 상대방을 존중하지 않는다는 뜻이기 때문에 특히 어른들에게는 절대 금지예요.

사원에 갈 때는 옷을 단정하게 입어야 해요. 짧은 옷이나, 반바지, 민소매를 입으면 안 되며, 슬리퍼도 신으면 안 돼요.

태국에서 거리를 다니다 보면 스님을 만나게 되는데, 태국의 스님은 여자와 직접 닿아서는 안 되는 율법이 있어요. 여러분이 여자라면 길을 지나갈 때 옷을 스쳐서는 안 되며, 버스나 전철에서도 스님 옆자리에 앉으면 안 돼요. 남자는 상관없어요.

방콕 왓 벤짜마버핏

UNIT 12

가족 소개

학습포인트

· 형제자매가 있어요?
· 자녀가 있어요?
· 과거 조동사 แล้ว/ยังไม่ได้
· 수량사 คน
· 의문조사 หรือยัง/ไหม

대화

대화 1 가족이 있는지 물어봐요!   Track 097

A : คุณมีครอบครัวไหมคะ
B : ไม่มีครับ

A : 가족이 있어요?
B : 없습니다.

■■ **มี**는 소유를 나타내는 동사이며, 부정할 때는 **ไม่**가 동사 앞에 위치합니다. '**มี** + 목적보어(명사)'로 표현합니다.
예 ฉันมีครอบครัว 나는 가족이 있다.
　เขาไม่มีครอบครัว 그는 가족이 없다.

핵심 포인트

이렇게도 말해요

A : แต่งงานแล้วหรือยังคะ 결혼하셨어요?
B : แต่งงานแล้วครับ 결혼했어요.

교체 연습

คุณมีครอบครัวไหม
หลังจากพ่อแม่เสีย　ฉันอยู่กับพี่
ไม่มี อยู่คนเดียว

어휘
- **มี** 가지고 있다
- **ครอบครัว** 가족
- **ไม่มี** 없다
- **แต่งงาน** 결혼하다
- **หลังจาก** 한 후에, 뒤에
- **เสีย** 잃다, 상실하다
- **คนเดียว** 혼자

어법

หรือยัง은 '~에요?', '아직이에요?' 뜻의 의문조사로 문장 끝에 위치하며, 내용을 확인할 때 사용합니다.

แล้ว는 '~을 했다'라는 뜻의 과거를 나타내는 조동사입니다. 부정은 **ยังไม่ได้**로 '아직 ~하지 않았다'입니다.

대화 2 형제자매가 있는지 물어봐요!

Track 098

A : คุณมีพี่น้องไหมครับ

B : มีพี่ชายและน้องสาวค่ะ

A : 형제자매가 있어요?
B : 오빠와 여동생이 있어요.

มี ~ ไหม는 '~을 가지고 있어요?'의 의미입니다.
มีปากกาไหม 펜 있어요? → 긍정 มีปากกา 펜이 있어요.
มีเวลาไหม 시간 있어요? → 부정 ไม่มีเวลา 시간이 없어요.

핵심 포인트

이렇게도 말해요

A : มีลูกไหมคะ 자녀가 있어요?

B : ผมมีลูกครับ 저는 아이가 있어요.

어휘

- □ พี่น้อง 형제자매
- □ พี่ชาย 오빠/형
- □ ลูก 자녀
- □ มีแต่ ~만 있다
- □ คน 명(수량사)

교체 연습

มีพี่น้องไหม
มีพี่ชายและน้องสาว
ไม่มีน้อง   มีแต่พี่สาวสองคน

มีลูกไหม
มีแต่ลูกชายสองคน
ยังไม่มีลูก

어법

수량사(또는 형태사/유별사)는 태국어에서 명사를 셀 때 표현하는 단어입니다.
กี่คน 몇 명 → 3 คน 세 명
กี่ท่าน 몇 분 → 3 ท่าน 세 분

 **실전 회화**

 Track 099

สุภา:	คุณมีครอบครัวกี่คนคะ
สมชาย:	ครอบครัวของผมมี 4 คนครับ
สุภา:	มีพี่น้องไหมคะ
สมชาย:	มีน้องชายครับ
สุภา:	แล้วน้องชายทำอะไรคะ
สมชาย:	น้องชายเป็นนักศึกษาครับ
สุภา:	ครอบครัวของคุณอยู่ที่กรุงเทพฯ หรือเปล่าคะ
สมชาย:	เปล่าครับ ผมอยู่โซลคนเดียว ส่วนครอบครัวอยู่ภูเก็ตครับ

쑤파: 가족이 몇 명이에요?
쏨차이: 저의 가족은 4명입니다.
쑤파: 형제자매가 있어요?
쏨차이: 남동생이 있어요.
쑤파: 그럼, 남동생은 뭐 해요?
쏨차이: 대학생입니다.
쑤파: 가족은 방콕에 있어요?
쏨차이: 아닙니다.
저는 혼자 서울에 있고, 가족은 푸껫에 있어요.

🌴 หรือเปล่า는 '~인지 아닌지?'의 의미로 '그렇다/아니다' 형태의 답을 요구하는 의문조사입니다.

🌴 ไหม는 몰라서 물어보는 경우에 사용하며, หรือ는 내용을 확인할 때 사용합니다. หรือ 이외에도 확인할 때 사용하는 의문조사로 ใช่ไหม, ไม่ใช่หรือ가 있습니다.

	긍정문	부정문	(เป็น/คือ) 체언술어문
ไหม	○	×	×
หรือ	○	○	○
ใช่ไหม	○	○	○

어휘

- **แล้ว** 그러면(접속사)
- **เป็น** ~이다
- **นักศึกษา** 대학생
- **คนเดียว** 혼자
- **โซล** 서울
- **ส่วน** 한편 ~은(접속사)

확장 문형 배우기

Track 100

심화 보충 단어

สามี 남편	ภรรยา 아내	ลูกชาย 아들	ลูกสาว 딸
สามีภรรยา 부부	ญาติ 친척	ลูกคนโต 맏이	ลูกคนสุดท้อง 막내
ลูกบุญธรรม 양자	กำพร้า 고아	ลูกคนเดียว 외동	ลูกสาวคนเดียว 무남독녀

가족 소개 표현

- คุณพ่อคุณแม่ยังมีชีวิตอยู่ใช่ไหมครับ 부모님은 아직 살아 계시죠?

- พ่อแม่อยู่กับครอบครัวฉันค่ะ 부모님은 저희 가족과 함께 살아요.

- เราเป็นสามีภรรยา 우리는 부부입니다.

- เราไม่ได้เป็นญาติกัน 우리는 친척이 아닙니다.

연습문제

🎧 듣기

다음을 듣고 빈칸을 채워 보세요. 🎧 Track 101

1. คุณมีครอบครัว _____ คะ

2. _____ ครับ

3. คุณมี _____ ไหมคะ

💬 말하기

다음 질문에 답하세요.

1. คุณมีครอบครัวไหมคะ

   _____

2. คุณมีพี่น้องไหมคะ

   _____

3. มีลูกไหมคะ

   _____

📖 읽기

다음 문장을 읽어 보세요. 🎧 Track 102

1. คุณพ่อคุณแม่ยังมีชีวิตอยู่ใช่ไหมครับ

2. พ่อแม่อยู่กับครอบครัวฉันค่ะ

3. เราไม่ได้เป็นญาติกัน

쓰기

쓰기 1. 다음 문장을 태국어로 쓰세요.

① 형제자매가 있어요?

→ _____

② 자녀가 있어요?

→ _____

③ 결혼하셨어요?

→ _____

쓰기 2. 다음 단어를 어순에 맞게 문장을 완성하세요.

① ยัง / ฉัน / แต่งงาน / ไม่ได้

→ _____

② มี / คน / ครอบครัว / 4 / ของ / ฉัน

→ _____

③ ครอบครัว / กรุงเทพฯ / คุณ / อยู่ที่ / หรือเปล่า / ของ

→ _____

복습하기

Track 103

① คุณมีครอบครัวกี่คนคะ

② ______________________

③ มีพี่น้องไหมคะ

④ ______________________

⑤ แล้วน้องชายทำอะไรคะ

⑥ ______________________

⑦ ครอบครัวของคุณอยู่ที่กรุงเทพฯหรือเปล่าคะ

⑧ เปล่าครับ ______________________

문화 엿보기

태국 사람들은 사람을 집으로 초대하는 경우가 많지 않지만, 친해지면 집으로 초대하는 것을 좋아해요. 음식을 많이 준비하고 초대하는 것이 아니라 태국 사람들은 함께 어울리는 것에 의미가 있다고 생각해요. 초대를 받으면 부담 갖지 말고 즐거운 시간을 보내면 돼요. 참석할 때는 작은 선물을 마련하면 좋겠지요. 그리고 참석 여부를 미리 알려 주고 초대받지 않은 사람을 데리고 갈 때는 양해를 구해야 해요. 옷은 너무 격식을 차릴 필요는 없으며, 맨발로 가도 괜찮아요.

치앙마이 꽃 축제

UNIT 13

취미

학습포인트

취미가 뭐예요?
저의 취미는 골프입니다

동사 ชอบ
동사 เล่น

대화

대화 1 무엇을 좋아하는지 물어봐요!

Track 104

A: ว่างๆคุณชอบทำอะไรครับ

B: ชอบอ่านหนังสือค่ะ

A : 시간이 날 때 주로 뭐 하세요?
B : 독서를 좋아해요.

ว่างๆคุณชอบทำอะไร은 시간이 날 때 주로 하는 것을 물어보는 표현입니다. 이 물음에 대해 책을 읽거나 영화를 보기도 하고, 수영을 한다는 답변을 할 수 있을 것입니다.
'시간이 날 때'의 표현은 **ว่างๆ** 외에도 **เมื่อมีเวลาว่าง** 또는 **ตอนมีเวลาว่าง**도 있습니다.
อ่านหนังสือ는 '책을 읽다' 또는 '공부하다'의 뜻입니다. 여기서는 문맥상 '책을 읽다'가 더 적합합니다.

핵심 포인트

이렇게도 말해요

A: เมื่อมีเวลาว่างคุณชอบทำอะไร
시간이 날 때 주로 무엇을 해요?

B: ชอบฟังเพลง 노래 듣는 것을 좋아해요.

교체 연습

ว่าง ๆ คุณชอบทำอะไร

ชอบฟังเพลง
เล่นกีฬา
ไปเที่ยวกับเพื่อน

어휘

- □ ว่าง 비어 있다
- □ ชอบ 좋아하다
- □ อ่าน 읽다
- □ หนังสือ 책
- □ เวลา 시간
- □ ฟัง 듣다
- □ เพลง 노래
- □ เล่นกีฬา 운동하다
- □ หนัง 영화
- □ ไปเที่ยว 놀러 가다
- □ เพื่อน 친구

어법

ชอบ은 동사 또는 명사와 함께 쓰이며, '~하기를 좋아하다' 또는 '주로 ~을 즐겨 하다'의 의미를 나타냅니다.
ฉันชอบชมโอเปร่า 오페라를 즐겨요.
ฉันชอบฟุตบอล 축구를 좋아해요.

| 대화 2 | 취미를 물어봐요! | 🎧 Track 105 |

A : งานอดิเรกของคุณคืออะไรครับ

B : งานอดิเรกของฉันคือการปีนเขาค่ะ

A : 당신의 취미는 뭐예요?
B : 저의 취미는 등산입니다.

▪▪ 취미가 무엇인지 물어볼 때는 **งานอดิเรกของคุณคืออะไร** 또는 **คุณมีงานอดิเรกอะไร**로 묻습니다.

핵심 포인트

이렇게도 말해요

A : **มีงานอดิเรกอะไรครับ** 취미가 무엇인가요?

B : **งานอดิเรกของฉันคือการตีกอล์ฟค่ะ**
저의 취미는 골프입니다.

교체 연습

งานอดิเรกของคุณคืออะไร

ชอบวาดภาพ
ชอบสะสมแสตมป์
ชอบตกปลา

어휘
- **งานอดิเรก** 취미
- **การปีนเขา** 등산
- **กอล์ฟ** 골프
- **ตีกอล์ฟ** 골프 치다
- **วาดภาพ** 그림 그리다
- **สะสม** 수집하다
- **แสตมป์** 우표
- **ตกปลา** 낚시하다

어법

เล่น은 '놀다'의 의미 외에도 '(운동)을 하다'와 '(악기)를 연주하다'의 뜻을 나타냅니다.

เล่น + 스포츠

예) **เล่นกีฬา** 운동을 하다
เล่นกอล์ฟ 골프를 치다

เล่น + 악기

예) **เล่นดนตรี** 음악을 연주하다
เล่นเปียโน 피아노를 치다

실전 회화

Track 106

สุดา: มีงานอดิเรกอะไรคะ

สมชาย: ชอบอ่านหนังสือครับ

สุดา: ชอบอ่านหนังสือประเภทอะไรคะ

สมชาย: ชอบอ่านหนังสือประวัติศาสตร์ครับ
แล้วคุณสุดาล่ะครับ

สุดา: ฉันชอบเล่นกีฬาค่ะ

สมชาย: ชอบเล่นกีฬาอะไรครับ

สุดา: ฉันชอบปีนเขาค่ะ

쑤다: 취미가 무엇인가요?
쏨차이: 독서를 좋아해요.
쑤다: 어떤 책을 즐겨 읽으세요?
쏨차이: 역사책을 즐겨 읽어요. 쑤다 씨는요?
쑤다: 운동하는 것을 좋아해요.
쏨차이: 어떤 운동을 좋아하세요?
쑤다: 등산을 좋아해요.

어휘

- □ **ประเภท** 종류
- □ **ประวัติศาสตร์** 역사

확장 문형 배우기

Track 107

심화 보충 단어

กีฬา	มวยไทย	บาสเกตบอล	รำ
스포츠	킥복싱	농구	무용
ปิงปอง	ถ่ายรูป	ชมละคร	เดินเล่น
탁구	사진 찍다	연극 보다	산책하다
เล่นเปียโน	เล่นเกม	ทำอาหาร	ร้องเพลง
피아노 치다	게임하다	요리하다	노래하다

취미 묻고 답하기

- **ชอบเล่นกีฬาไหม** 운동 좋아해요?

- **กอล์ฟไม่ถูกกับรสนิยมของฉัน** 골프는 제 취향에 맞지 않아요.

- **ชอบร้องเพลงไหม** 노래하는 것을 좋아해요?

- **ไปคาราโอเกะกับเพื่อนบ่อยๆ** 친구와 노래방에 자주 가요.

UNIT 13 취미

연습문제

🎧 듣기

다음을 듣고 빈칸을 채워 보세요. 🎧 Track 108

1. _____ คุณชอบทำอะไรครับ

2. _____ อ่านหนังสือค่ะ

3. เมื่อมีเวลาว่างคุณ _____ อะไร

💬 말하기

질문에 답하세요.

1. ว่าง ๆ คุณชอบทำอะไร

_____

2. งานอดิเรกของคุณคืออะไร

_____

3. ชอบร้องเพลงไหม

_____

📖 읽기

다음 문장을 읽어 보세요. 🎧 Track 109

1. กอล์ฟไม่ถูกกับรสนิยมของฉัน

2. ไปคาราโอเกะกับเพื่อนบ่อยๆ

3. ชอบอ่านหนังสือประเภทอะไรคะ

✏️ 쓰기

쓰기 1. 다음 문장을 태국어로 쓰세요.

① 당신의 취미는 뭐예요?

→ _____

② 저의 취미는 골프입니다.

→ _____

③ 운동 좋아해요?

→ _____

쓰기 2. 다음 단어를 어순에 맞게 문장을 완성하세요.

① **การปีนเขา / งานอดิเรก / คือ / ของ / ฉัน**

→ _____

② **สะสม / ฉัน / แสตมป์ / ชอบ**

→ _____

③ **อ่าน / หนังสือ / ชอบ / ประวัติศาสตร์**

→ _____

복습하기

Track 110

① มีงานอดิเรกอะไรคะ

② ______________________

③ ชอบอ่านหนังสือประเภทอะไรคะ

④ ______________________
แล้วคุณสุดาล่ะครับ

⑤ ฉันชอบเล่นกีฬาค่ะ

⑥ ______________________

⑦ ฉันชอบปีนเขาค่ะ

문화 엿보기

태국은 수로를 따라 담느언싸두억 수상 시장, 암파와 수상 시장과 같은 수상 시장이 있어요. 태국의 중요한 관광지 중의 하나예요. 수상 시장에서는 상인들이 배를 타고 다니면서 음식을 팔아요.

'딸랏낫'은 말 그대로 약속 시장이라는 의미예요. 특정한 요일에 약속해서 열리는 시장으로 방콕에서는 주말에 열리는 짜뚜짝 시장이 있어요. 이곳은 다양한 물건들이 많으며, 외국인 관광객이 꼭 들러 보는 시장이기도 해요.

태국음식_똠얌꿍, 팟타이

UNIT 14

음식

학 습 포 인 트

· 뭘 먹고 싶어요?
· 맛이 어때요?

· 조동사 อยาก
· 접두사 น่า

대화

대화 1 무엇이 먹고 싶은지 물어봐요! 🎧 Track 111

A : อยากกินอะไรครับ
B : อยากกินก๋วยเตี๋ยวค่ะ

A : 무엇이 먹고 싶어요?
B : 국수가 먹고 싶어요.

∷ **ก๋วยเตี๋ยว**는 태국식 쌀국수입니다. **ก๋วยเตี๋ยวน้ำ**는 물국수이며, **ก๋วยเตี๋ยวแห้ง**은 비빔국수 식의 국수를 말합니다.

핵심 포인트

이렇게도 말해요

A : **อยากกินอะไร** 무엇이 먹고 싶어요?
B : **กินได้ทุกอย่าง** 아무거나 잘 먹어요.

교체 연습

อยากกินอะไร
กินได้ทุกอย่าง
อะไรก็ได้
อยากกินอาหารทะเล

어휘
- **อยาก** ~하고 싶다
- **ก๋วยเตี๋ยว** 국수
- **ได้** ~할 수 있다
- **ทุกอย่าง** 모든 종류
- **ก็ได้** ~도 된다
- **อาหารทะเล** 해산물

어법

อยาก은 '~하고 싶다' 또는 '원하다'의 뜻으로 희망을 나타내는 조동사입니다.
예) **อยากพักผ่อน** 쉬고 싶다
    ไม่อยากทำงาน 일하기 싫다

| 대화 **2** | 맛이 어떤지 물어봐요! | Track 112 |

A : รสชาติเป็นอย่างไรบ้างคะ
B : อร่อยครับ

A : 맛이 어때요?
B : 맛있어요.

■ **รสชาติ**은 '맛'을 의미합니다. 태국 음식은 맵고, 짜고, 달고, 시고, 쓴맛이 함께 어우러져 있어요.

핵심 포인트

이렇게도 말해요

A : ทานให้อร่อยครับ 맛있게 드세요.
B : น่ากินค่ะ 먹음직스럽네요.

교체 연습

รสชาติเป็นอย่างไรบ้าง

หวานนิดหน่อย
เผ็ดมาก
ถูกปาก
หอมดี
รสชาติแปลก

어휘

□ **รสชาติ** 맛
□ **เป็นอย่างไร** 어떻다
□ **บ้าง** 좀, 약간
□ **อร่อย** 맛있다
□ **ทาน** 먹다
□ **น่า** ~할 만하다
□ **หวาน** 달다
□ **เผ็ด** 맵다
□ **ถูก** 맞다
□ **ปาก** 입
□ **หอม** 향기롭다
□ **ดี** 좋다
□ **แปลก** 이상하다

어법

น่า는 동사 또는 형용사와 결합하여 '~할 만하다'의 의미를 나타냅니다.

น่ากิน	น่าฟัง	น่ากลัว	น่าเสียดาย
먹음직스럽다	들을 만하다	무섭다	애석하다

 **실전 회화**

 Track 113

มินซู:	หิวข้าวครับ
สุดา:	อยากกินอะไรคะ
มินซู:	อยากกินอาหารทะเลครับ
	ช่วยเผากุ้งให้สุกหน่อยครับ
สุดา:	ทานให้อร่อยค่ะ
มินซู:	น่ากินจังเลยครับ
สุดา:	รสชาติเป็นอย่างไรบ้างคะ
มินซู:	ไม่เลวครับ

민수: 배고파요.
쑤다: 무엇을 먹고 싶어요?
민수: 해산물을 먹고 싶어요.
　　　새우를 푹 구워 주세요.
쑤다: 맛있게 드세요.
민수: 정말 먹음직스럽네요.
쑤다: 맛이 어때요?
민수: 괜찮네요.

어휘

- **หิว** 배고프다
- **ข้าว** 밥
- **เผา** 불에 굽다
- **กุ้ง** 새우
- **สุก** 잘 익다
- **จัง** 굉장히, 매우
- **เลว** 나쁘다

 ## 확장 문형 배우기

Track 114

심화 보충 단어

ผัก 야채	เนื้อหมู 돼지고기	เนื้อไก่ 닭고기	ไก่ย่าง 양념 닭구이
ปลา 생선	ยำ 태국식 무침류	ส้มตำ 파파야 샐러드	ต้มยำกุ้ง 똠얌꿍
ย่าง 굽다	ทอด 튀기다	ต้ม 끓이다	ทอดปลา 생선을 튀기다

식성 관련 표현

- **อยากอาหารมากเลย** 식욕이 왕성해요.
- **น้ำลายไหลเลย** 군침이 도네요.
- **ค่อนข้างกินยาก** 식성이 까다로운 편이에요.
- **ไม่เลือกกิน** 음식을 가리지 않아요.
- **ฉันชอบกินผัก** 나는 채소를 좋아해요.
- **ฉันไม่กินเนื้อหมู** 나는 돼지고기를 안 먹어요.

연습문제

🎧 듣기

다음을 듣고 빈칸을 채워 보세요. 🎧 Track 115

1. _____ กินอะไรครับ

2. อยาก _____ ก๋วยเตี๋ยวค่ะ

3. _____ ทุกอย่าง

💬 말하기

질문에 답하세요.

1. อยากกินอะไรครับ
   _____

2. รสชาติเป็นอย่างไรบ้างคะ
   _____

3. ชอบกินอาหารทะเลไหมคะ
   _____

📖 읽기

다음 문장을 읽어 보세요. 🎧 Track 116

1. ทานให้อร่อยค่ะ

2. อยากอาหารมากเลย

3. น้ำลายไหลเลย

쓰기

쓰기 1. 다음 문장을 태국어로 쓰세요.

① 아무거나 잘 먹어요.

→

② 무엇이든 좋아요.

→

③ 맛있어요.

→

쓰기 2. 다음 단어를 어순에 맞게 문장을 완성하세요.

① บ้าง / เป็น / รสชาติ / อย่างไร

→

② ไม่ / ฉัน / กิน / เนื้อหมู

→

③ กุ้ง / ช่วย / หน่อย / เผา / ให้ / สุก

→

복습하기

Track 117

① ______________________

② อยากกินอะไรคะ

③ ______________________

____

④ ทานให้อร่อยค่ะ

⑤ ______________________

⑥ รสชาติเป็นอย่างไรบ้างคะ

⑦ ______________________

문화 엿보기

태국은 맞벌이 문화이기 때문에 남자들도 요리를 잘하는 편이에요. 주부들은 퇴근할 때 반찬을 사 가지고 가서 집에서 요리를 하거나 외식을 해요. 식사할 때는 숟가락과 포크를 사용하며, 큰 접시에 반찬을 담고 접시마다 '천끌랑(큰 숟가락)'으로 덜어 먹어요.

태국은 술을 즐겨 먹는 문화가 아니어서 친구와 함께 술을 마시기보다는 식사하는 것을 좋아해요. 대화를 하고 싶을 때는 밥을 먹자고 하며, 술을 먹어야 할 경우에는 식사 전에 조금 마시는 정도예요.

태국 사람들은 본인이 먹은 것은 본인이 계산해요. 하지만 대접하고 싶을 때는 '찬 리양'이라고 말해요. 태국 사람들은 음식을 주문하고 나서 빨리 가져 오라고 재촉하지 않고 기다리는 편이에요.

치앙라이 왓렁쿤

UNIT 15

디저트

학습포인트

· 더 먹을래요?
· 음료는 뭐로 하실래요?

· 요구 ขอ~หน่อย
· 수량사 ชิ้น

 # 대화

대화 1 더 먹을 건지 물어봐요! Track 118

A : เอาอีกไหมคะ
B : ขออีกหน่อยครับ

A : 더 먹을래요?
B : 조금 더 주세요.

:: เอา 는 'มี(가지다)'와 'ต้องการ(필요하다)'의 의미가 있으며, 문장에서는 'เอา + 명사', 'ไม่เอา + 명사'의 형태로 쓰입니다.

핵심 포인트

이렇게도 말해요

A : กินข้าวเสร็จแล้วหรือคะ 식사 끝났어요?
B : ทานเรียบร้อยแล้วครับ 다 먹었어요.

교체 연습

เอาอีกไหม

ขออีกหน่อย
พอแล้ว
อิ่มแล้ว

어휘
- เอา 가지다, 필요하다
- อีก 더
- ขอ 주세요
- หน่อย 좀
- น้ำ 물
- จาน 접시
- ทาน 먹다, 드시다
- เรียบร้อยแล้ว 끝났다
- พอ 충분하다
- อิ่ม 배부르다

어법

ขอ~หน่อย 는 요구를 나타내는 조동사입니다.

ขอ + 명사 + หน่อย : ~ 주세요
예) ขออีกจานหนึ่ง 한 접시 더 주세요.

ขอ + (ผม/ดิฉัน) + 동사 + หน่อย : (나에게) ~하게 해 주세요
예) ขอดูหน่อย 좀 보여 주세요.

대화 2 후식은 어떤 것을 먹을 건지 물어봐요!

Track 119

A : จะกินของหวานอะไรดีครับ

B : ขอกาแฟค่ะ

A : 후식은 무엇으로 하실래요?
B : 커피 주세요.

후식은 태국어로 **ของหวาน**이라고 해요. 태국 사람은 식사 후에 주로 과일을 후식으로 먹어요. 이외에도 아이스크림, 야자즙을 넣어 만든 후식도 있어요.
후식으로 무엇을 먹을 것인지 물어볼 때 **จะรับของหวานอะไรดี**라고 하면 돼요.

핵심 포인트

이렇게도 말해요

A : จะเอาน้ำอะไรครับ 음료는 무엇으로 하실래요?

B : เอาคาปูชิโน่ค่ะ 카푸치노 주세요.

교체 연습

จะรับของหวานอะไรดี

ขอเค้กมะนาว 2 ชิ้น
น้ำส้ม
ผลไม้
ไอติม

어휘

- ของหวาน 후식
- กาแฟ 커피
- คาปูชิโน่ 카푸치노
- เค้ก 케이크
- มะนาว 레몬, 라임
- น้ำส้ม 오렌지주스
- ผลไม้ 과일
- ไอติม 아이스크림

어법

수량사 **ชิ้น**은 케이크, 고기 등의 일부분을 셀 때 조각, 점, 쪽을 의미합니다.

명사 + 수사 + 수량사

เค้กมะนาว 2 ชิ้น 레몬 케이크 2조각
ขอเค้กมะนาว 2 ชิ้น 레몬 케이크 2조각 주세요.

명사 + 수량사 + 지시형용사

เนื้อชิ้นนี้ 이 고기
เนื้อชิ้นนี้อร่อยจริงๆ 이 고기는 정말 맛있어요.

실전 회화

Track 120

สุดา:	เอาอีกไหมคะ
สมชาย:	พอแล้วครับ
สุดา:	ทานเสร็จแล้วหรือคะ
สมชาย:	ทานเรียบร้อยแล้วครับ
สุดา:	จะกินของหวานอะไรดีคะ
สมชาย:	ขอกาแฟครับ
สุดา:	จะดื่มกาแฟอะไรคะ
สมชาย:	ขอคาปูชิโน่ครับ

쑤다: 더 드실래요?
쏨차이: 충분해요.
쑤다: 다 드셨어요?
쏨차이: 다 먹었어요.
쑤다: 후식은 무엇으로 하실래요?
쏨차이: 커피 주세요.
쑤다: 어떤 커피로 하시겠어요?
쏨차이: 카푸치노 주세요.

확장 문형 배우기

Track 121

심화 보충 단어

อาหาร 음식	อาหารเช้า 아침 식사	อาหารกลางวัน 점심 식사	อาหารเย็น 저녁 식사
อาหารว่าง 간식	ขนม 과자	นม 우유	ของหวาน 후식
เครื่องดื่ม 음료수	น้ำชา 차	น้ำเปล่า 생수	น้ำแข็งเปล่า 얼음물
กาแฟเย็น 아이스커피	เบียร์ 맥주	เหล้า 술	ชาเย็น 밀크티

식당에서

- จะดื่มกาแฟหรือน้ำชา 커피와 차 중에 어느 것을 드시겠어요?
- ขอชาเขียว 녹차 주세요.
- วันนี้ฉันขอเลี้ยงนะ 오늘은 제가 낼게요.
- ฉันขอเลี้ยงกาแฟ 제가 커피를 살게요.
- กาแฟที่นี่ขมเกินไป 여기 커피는 너무 써요.
- ขอบคุณที่เลี้ยงอาหารนะ 음식을 대접해 줘서 고마워요.

연습문제

🎧 듣기

다음을 듣고 빈칸을 채워 보세요. 🎧 Track 122

1. _____ ไหมคะ

2. _____ ครับ

3. ทาน _____ ครับ

💬 말하기

질문에 답하세요.

1. เอาอีกไหมคะ

2. จะกินของหวานอะไรดีครับ

3. จะเอาน้ำอะไรครับ

📖 읽기

다음 문장을 읽어 보세요. 🎧 Track 123

1. จะดื่มกาแฟหรือน้ำชา

2. กาแฟที่นี่ขมเกินไป

3. ขอบคุณที่เลี้ยงอาหารนะ

✏️ 쓰기

쓰기 1. 다음 문장을 태국어로 쓰세요.

① 더 드실래요?

→ _____

② 배불러요.

→ _____

③ 오렌지주스 주세요.

→ _____

쓰기 2. 다음 단어를 어순에 맞게 문장을 완성하세요.

① เค้ก / มะนาว / ขอ / ชิ้น / สอง

→ _____

② เสร็จ / ทาน / หรือ / แล้ว

→ _____

③ จริงๆ / นี้ / ชิ้น / อร่อย / เนื้อ

→ _____

복습하기

Track 124

① เอาอีกไหมคะ

② ____________________

③ ทานเสร็จแล้วหรือคะ

④ ____________________

⑤ จะกินของหวานอะไรดีคะ

⑥ ____________________

⑦ จะดื่มกาแฟอะไรคะ

⑧ ____________________

문화 엿보기

태국에서는 식사 자리에서 어른이 먼저 수저를 드는 것이 아니라 초대받은 손님이 먼저 수저를 들어야 해요. 음식물을 입에 넣은 채 말하면 안 되고, 국물은 숟가락으로 떠서 먹어야 해요. 술을 마실 때는 술잔을 돌리면 안 되고, 원샷도 안 돼요.

태국에서 식사할 때는 자신의 접시에 있는 음식을 남기지 않고 다 먹는 게 예의예요. 접시에 담긴 음식을 먹기 전에 미리 덜어 달라고 하거나 어느 정도면 충분하다고 말하는 것이 좋아요. 태국 사람은 접시를 치우기 전에 식사가 끝났는지 확인해요. 식사를 끝내고 나서 다 먹었다고 하면 후식을 내옵니다.

방콕 왓 프라깨우

UNIT **16**

여가 생활

학 습 포 인 트

· 퇴근 후 오늘 어디에 가요?
· 새 휴대폰을 같이 사러 가 줘요

· 연계 동사의 어순
· 수량사 เครื่อง

대화

대화 1 휴일에 뭐 하는지 물어봐요! Track 125

A : วันหยุดคุณทำอะไรครับ

B : วันหยุดฉันออกไปกินข้าวแล้วก็ช็อปปิ้งกับเพื่อน

A : 휴일에 뭐 하세요?
B : 휴일에 외식하고 친구와 쇼핑해요.

핵심 포인트

이렇게도 말해요

A : ปกติวันหยุดคุณทำอะไร 보통 휴일에 뭐 하세요?

B : วันหยุดฉันจะนอนอ่านหนังสืออยู่บ้าน
휴일에 집에서 책을 읽어요.

교체 연습

วันหยุดคุณทำอะไร

วันหยุดฉันออกไปกินข้าวแล้วก็ชอบปิ้งกับเพื่อน
ฉันจะนอนอ่านหนังสืออยู่บ้าน
ฉันจะกลับไปหาพ่อแม่ที่ต่างจังหวัด

어휘

- วันหยุด 휴일
- ออกไปกินข้าว 외식하다
- แล้วก็ 그리고, 그 다음에
- ช็อปปิ้ง 쇼핑하다
- ปกติ 보통, 평상
- ไปหา 방문하다, 찾아가다

어법

동사가 여러 개 나타나는 경우 어순은 의미에 따라 나열합니다. 타동사 เอา-ไป/มา, พา-ไป /มา의 경우는 목적어를 동사 다음에 위치시킵니다.

ไปกิน 먹으러 가다

ไปหา 찾아가다

เอาแว่นตามา 안경을 가지고 오다

พาเพื่อนคนไทยไปเที่ยว 태국 친구를 데리고 놀러 가다

대화 2 퇴근 후 뭐 하는지 물어봐요!

Track 126

A: หลังเลิกงานวันนี้คุณจะไปไหนครับ

B: หลังเลิกงานฉันมีนัดกับเพื่อนค่ะ

A : 퇴근 후 오늘 어디에 가요?
B : 퇴근 후 친구와 약속이 있어요.

핵심 포인트

이렇게도 말해요

A: หลังเลิกงานคุณจะกลับบ้านเลยหรือเปล่า
퇴근 후 집에 바로 갈 거예요?

B: หลังเลิกงานฉันจะไปเดินเล่นที่ห้าง
퇴근 후 백화점에 가려고요.

어휘

- หลัง ~후에
- เลิก 끝나다
- นัด 약속
- กลับบ้าน 집에 가다

교체 연습

หลังเลิกงานวันนี้คุณจะไปไหน
หลังเลิกงานฉันมีนัดกับเพื่อน
ฉันจะไปเดินเล่นที่ห้าง
ฉันต้องไปเรียนพิเศษ

실전 회화

Track 127

สมชาย: คุณเลิกงานกี่โมงครับ

สุดา: ฉันเลิกงานตอนห้าโมงเย็นค่ะ

สมชาย: หลังเลิกงานวันนี้คุณจะไปไหนครับ

สุดา: หลังเลิกงานฉันจะไปเดินเล่นที่ห้างค่ะ

สมชาย: ไปซื้อมือถือเครื่องใหม่กับผมหน่อยสิครับ

สุดา: ก็ดีค่ะ

쏨차이: 몇 시에 퇴근해요?
쑤다: 저녁 5시에 퇴근해요.
쏨차이: 퇴근 후 오늘 어디에 가요?
쑤다: 퇴근 후 백화점에 가려고요.
쏨차이: 새 휴대폰을 같이 사러 가 줘요.
쑤다: 좋아요.

🌴 수량사 **เครื่อง**은 기계나 기기 등을 셀 때 '대'를 의미합니다.

มือถือ 2 เครื่อง 휴대폰 2대

ไปซื้อมือถือเครื่องใหม่ 새 휴대폰을 사러 가다

어휘

- ☐ **ซื้อ** 사다
- ☐ **มือถือ** 휴대폰
- ☐ **เครื่อง** 기기, 기계

확장 문형 배우기

Track 128

심화 보충 단어

ทำความสะอาด 청소하다	ซักผ้า 빨래하다	รีดผ้า 다림질하다	ล้างจาน 설거지하다
ออกกำลังกาย 운동하다	เดินเล่น 산책하다	ดูทีวี TV 보다	งานแสดงดนตรี 음악회
รายการ 프로그램	ละครเกาหลี 한국 드라마	การแข่งขันกีฬาฟุตบอล 축구 경기	ข่าว 뉴스

다양한 여가 표현

- **วันหยุดฉันทำอาหารกินเองที่บ้าน** 휴일에 집에서 음식을 직접 만들어 먹어요.

- **วันหยุดฉันไปเรียนทำขนม** 휴일에 과자 만드는 것을 배우러 가요.

- **วันหยุดฉันไปเที่ยวต่างจังหวัด** 휴일에 지방으로 놀러 가요.

- **วันหยุดฉันจะนอนทั้งวันเลย** 휴일에 하루 종일 잠을 잘 거예요.

- **วันหยุดฉันมีนัดกับแฟนทุกอาทิตย์** 매주 휴일에 남자친구(/여자친구)와 데이트해요.

UNIT 16 여가 생활

연습문제

듣기

다음을 듣고 빈칸을 채워 보세요. Track 129

1. _____ ผมออกไปกินข้าวครับ

2. _____ ฉันมีนัดกับเพื่อนค่ะ

3. ปกติวันหยุดคุณ _____

말하기

질문에 답하세요.

1. คุณเลิกงานกี่โมงครับ

_____

2. หลังเลิกงานวันนี้คุณจะไปไหน

_____

3. วันหยุดคุณทำอะไร

_____

읽기

다음 문장을 읽어 보세요. Track 130

1. วันหยุดฉันทำอาหารกินเองที่บ้าน

2. วันหยุดฉันจะนอนทั้งวันเลย

3. ฉันมีนัดกับแฟนทุกอาทิตย์

쓰기

쓰기 1. 다음 문장을 태국어로 쓰세요.

① 저녁 5시에 퇴근해요.

→

② 퇴근 후 백화점에 가려고요.

→

③ 휴일에 집에서 책을 읽어요.

→

쓰기 2. 다음 단어를 어순에 맞게 문장을 완성하세요.

① กลับบ้าน / หรือเปล่า / เลิกงาน / คุณ / หลัง / จะ / เลย

→

② มือถือ / ไปซื้อ / หน่อย / เครื่อง / กับ / ใหม่ / ผม

→

③ ขนม / ฉัน / เรียน / วันหยุด / ทำ / ไป

→

복습하기

Track 131

① คุณเลิกงานกี่โมงครับ

② ______________________

③ หลังเลิกงานวันนี้คุณจะไปไหนครับ

④ ______________________

⑤ ไปซื้อมือถือเครื่องใหม่กับผมหน่อยสิครับ

⑥ ______________________

문화 엿보기

태국의 학교, 관공서, 은행 등은 주5일 근무예요. 그리고 일반적으로 거의 야근을 하지 않고 오후 5시 정도에는 퇴근을 하는 편이에요. 금요일 오후부터 주말이 시작되는 거죠. 대도시 주변 가까운 휴양지의 방갈로나 펜션에서 주말을 보내기도 해요.

태국 사람들은 금요일 오후부터 일요일까지는 보통 휴식하는 것을 좋아해요. 휴일에 하는 여가 활동은 주로 TV나 영화 보기, 쇼핑 등이에요. 특히 한국 드라마나 영화를 좋아해요. 운동이나 스포츠는 더운 날씨 때문에 야외 경기장 관람보다는 실내 운동을 즐기는 편이며 가장 선호하는 운동은 무어이타이(킥복싱)와 따끄러 공으로 하는 세팍따끄러(태국식 족구) 그리고 축구 등이에요.

담넌사두억 수상 시장

UNIT 17

쇼핑

학습포인트
· 신어 봐도 돼요?
· 잘 맞아요?
· 가능 조동사 ได้/เป็น/ไหว

대화

대화 1 신어 봐도 되는지 물어봐요!

Track 132

A : ลองได้ไหมคะ

B : ลองได้นะครับ

A : 신어 봐도 돼요?
B : 신어 봐도 돼요.

핵심 포인트

이렇게도 말해요

A : ลองได้ไหมคะ 입어 봐도 돼요?

B : ลองไม่ได้ครับ 입어 볼 수 없어요.

어휘

□ ลอง 시도하다, 해 보다

교체 연습

ลองได้
ลองไม่ได้
ลองใส่ดู

어법

ได้, เป็น, ไหวะ는 가능이나 능력을 나타내는 조동사이며, 불가능은 ไม่ได้, ไม่เป็น, ไม่ไหว로 표현합니다.

동사 + (목적어) + ได้ : '~할 수 있다' (가능이나 능력)

ปีนี้ฉันไปเที่ยวต่างประเทศได้ 올해 저는 해외여행 갈 수 있어요.

동사 + (목적어) + เป็น : '~할 줄 알다' (기술이나 기능면)

คุณเล่นเปียโนเป็นไหม 피아노 칠 줄 아세요?

동사 + (목적어) + ไหว : '(더 이상) ~하는 것이 가능하다'

เดินไม่ไหว 더 이상 걸을 수 없어요.

대화 2 사이즈가 잘 맞는지 물어봐요!

Track 133

A : พอดีไหมคะ

B : ใส่พอดีครับ

A : 잘 맞아요?
B : 잘 맞아요.

핵심 포인트

이렇게도 말해요

A : พอดีไหมคะ 잘 맞아요?

B : ใหญ่ไป 너무 커요.

교체 연습

พอดีไหม
คับไปหน่อย
ใหญ่ไป
เล็กไป
หลวมไป

어휘

- □ พอดี 잘 맞다
- □ ใส่ 입다, 신다
- □ ใหญ่ 크다
- □ คับ 꽉 끼다
- □ เล็ก 작다
- □ หลวม 헐렁하다

 **실전 회화**

 Track 134

สุภา :	คุณจะซื้ออะไรคะ
สมชาย:	รองเท้าแตะครับ
	ลองได้ไหมครับ
สุภา :	ได้ค่ะ
	พอดีไหมคะ
สมชาย:	พอดีครับ เท่าไรครับ
สุภา :	199 บาทค่ะ
สมชาย:	มีถูกกว่านี้ไหมครับ
สุภา :	มีค่ะ

쑤파: 무엇을 사시겠어요?
쏨차이: 슬리퍼요.
　　　　신어 봐도 되나요?
쑤파: 돼요.
　　　잘 맞아요?
쏨차이: 딱 맞아요. 얼마예요?
쑤파: 199바트예요.
쏨차이: 이보다 싼 거 있어요?
쑤파: 있어요.

 어휘

- **รองเท้าแตะ** 슬리퍼
- **ถูก** 싸다

확장 문형 배우기

Track 135

심화 보충 단어

ลด 깎다	แพง 비싸다	ขาย 팔다	เปลี่ยน 교환하다
จ่าย 지불하다	ห่อ 포장하다	ซื้อของ 쇼핑하다	สินค้า 물건
ราคาลด 세일 가격	ของขวัญ 선물	เงินสด 현금	บัตรเครดิต 신용카드

쇼핑 관련 표현

- ลดราคาได้ไหม 가격을 깎아 줄 수 있나요?
- อันนี้เป็นราคาตายตัว 이것은 정찰제예요.
- ขอคืนเงินได้ไหม 환불받을 수 있나요?
- เปลี่ยนของให้ได้ไหม 물건을 교환해 줄 수 있어요?
- ชุดแบบนี้มีกี่สี 이 옷은 몇 가지 색깔이 있어요?
- มีแบบไหนให้เลือกบ้าง / มีแบบไหนแนะนำบ้าง 어떤 스타일이 있나요?
- ฉันซื้อของทางอินเทอร์เน็ต 저는 인터넷으로 물건을 사요.
- ทั้งหมดเท่าไร 모두 얼마예요?

 # 연습문제

🎧 듣기

다음을 듣고 빈칸을 채워 보세요. 🎧 Track 136

1. _____ ได้ไหมคะ

2. จะซื้อ _____ ครับ

3. ใส่ _____ ค่ะ

💬 말하기

질문에 답하세요.

1. พอดีไหมคะ

   _____

2. ลองได้ไหมคะ

   _____

3. มีถูกกว่านี้ไหมครับ

   _____

📖 읽기

다음 문장을 읽어 보세요. 🎧 Track 137

1. ขอคืนเงินได้ไหม

2. เปลี่ยนของให้ได้ไหม

3. มีแบบไหนให้เลือกบ้าง

쓰기

쓰기 1. 다음 문장을 태국어로 쓰세요.

① 입어 봐도 돼요?

→ _____

② 신어 볼 수 없어요.

→ _____

③ 잘 맞아요?

→ _____

쓰기 2. 다음 단어를 어순에 맞게 문장을 완성하세요.

① ลอง / ดู / อันนี้ / ได้ไหม / ใส่

→ _____

② ซื้อ / ทาง / อินเทอร์เน็ต / ของ / ฉัน

→ _____

③ ราคา / ได้ / ลด / ไหม

→ _____

복습하기

Track 138

① คุณจะซื้ออะไรคะ

② ______________________

____

③ ได้ค่ะ　พอดีไหมคะ

④ ______________________

⑤ 199 บาทค่ะ

⑥ ______________________

⑦ มีค่ะ

문화 엿보기

태국의 시장이나 쇼핑센터에서 물건을 구입할 때 사용되는 단위를 알아봅시다.

포장용이 아닌 일반 음식물의 경우 킬로그램 또는 그램 단위를 사용해요. 채소는 '킷(ขีด)'을 더 많이 사용해요. 옷 사이즈의 경우 'XXL, XL, L, M, S'로 표기해요.

태국어에는 명사를 세는 단위인 수량사가 있는데 물건의 개수를 가리키는 수량사를 알고 있으면 좋겠지요. 예를 들어 신발의 수량사는 '켤레, 짝'을 나타내는 '쿠(คู่)'를 사용합니다.

아울러, 태국 사람은 물건을 선물할 때 예쁘게 포장을 해요. 선물할 물건이라면 포장하는 것을 염두에 두어야 해요.

아유타야 왓 마하탓

UNIT 18

증상과 처방

학습포인트

· 증상이 어때요?
· 약을 3일 동안 드세요
· 가정 조동사 ถ้า
· 사역 조동사 ให้
· 인과 접속사 เพราะ/จึง

 대화

| 대화 **1** | 어디가 불편한지 증상을 물어봐요! | Track 139 |

A : ไม่สบายหรือคะ
B : เมารถครับ

A : 어디가 아파요?
B : 멀미가 나요.

▪▪ **สบาย**는 '편안하다'는 의미도 있지만, 몸이 건강한지, 어디가 아픈지를 물어볼 때도 사용합니다. 아픈 부분을 구체적으로 표현하기 힘들 때 **ไม่สบาย**라고 표현합니다.

핵심 포인트

이렇게도 말해요

A : **อาการเป็นอย่างไรบ้างคะ** 증상이 어때요?
B : **รู้สึกคลื่นไส้ครับ** 구역질이 나요.

교체 연습

มีอาการอย่างไรบ้าง

รู้สึกคลื่นไส้
อาเจียน
ท้องเสีย

어휘
- **ไม่สบาย** 아프다, 불편하다
- **อาการ** 증상
- **รู้สึก** 느끼다
- **คลื่นไส้** 구역질 나다, 메스꺼움을 느끼다
- **อาเจียน** 구토하다
- **ท้องเสีย** 설사하다
- **หนัก** 중하다, 무겁다
- **เบา** 가볍다

어법

'อาการ(증상)'을 말할 때 증상이 심하면 **อาการหนัก**, 증상이 가벼우면 **อาการเบา**라고 표현합니다.

เป็น은 증상 또는 질병 명칭과 함께 사용될 때는 '(병)에 걸리다'의 의미입니다.
예) **เป็นโรคมะเร็ง** 암에 걸리다

대화 2 약 복용에 대해 말해 봐요!

Track 140

A : ยานี้กินครั้งละกี่เม็ดคะ

B : กินยานี้ครั้งละ 2 เม็ดวันละ 3 ครั้งครับ

A : 이 약은 한 번에 몇 알 먹어요?

B : 이 약은 2알씩 3번 드세요.

ละ는 '~당, ~마다'의 의미입니다.

핵심 포인트

이렇게도 말해요

A : ต้องฉีดยาด้วยไหมคะ 주사도 맞아야 하나요?

B : ไม่ต้องครับ ถ้าปวดมาก ๆ ให้กินยานี้ครับ
그럴 필요 없어요. 통증이 심하면 이 약을 드세요.

교체 연습

ขอยาเม็ดหน่อย
ยาผง
ยาน้ำ

어법

ถ้า…ก็… : 만일 ~이라면(가정을 나타내는 조동사)

예 ถ้าฝนตก ฉันก็ไม่ไป 만일 비가 오면 나는 안 가요.

ให้ + 사람 + 동사 (+ 목적어) : ~하게 하다(사역을 나타내는 조동사)

예 ให้เขาไปซื้อน้ำดื่ม 그에게 음료를 사러 가게 했다.

어휘

- ครั้ง 회, 차, 번
- ละ ~당, ~마다
- ครั้งละ 한 번에
- วันละ 하루에
- เม็ด 알약 등을 세는 수량사
- ฉีดยา 주사 맞다
- ถ้า 만약, 만일
- ปวด 아프다, 통증이 있다
- ยาเม็ด 알약
- ยาผง 가루약
- ยาน้ำ 물약

 **실전 회화**

Track 141

สมชาย: มีอาการอย่างไรบ้างครับ

สุดา: รู้สึกอาเจียนและท้องเสียค่ะ

สมชาย: น่าจะเป็นเพราะอาหารเป็นพิษครับ ทานยาตลอด 3 วันครับ

สุดา: ต้องฉีดยาด้วยไหมคะ

สมชาย: ไม่ต้องครับ อาการไม่หนักเท่าไร เดี๋ยวก็จะหายครับ

쏨차이: 증상이 어떤가요?
수다: 구토하고 설사를 해요.
쏨차이: 식중독 때문인 것 같네요. 약을 3일 동안 드세요.
수다: 주사도 맞아야 하나요?
쏨차이: 그럴 필요 없어요. 증상이 아주 심하지 않으니까 곧 나을 겁니다.

🌴 **เพราะ**와 **จึง**은 원인과 결과를 나타내는 접속사입니다.

예) **เจ็บตาเพราะเล่นคอมพิวเตอร์นาน**
컴퓨터를 오래 했기 때문에 눈이 아파요.

เพราะเล่นคอมพิวเตอร์นานจึงเจ็บตา
컴퓨터를 오래 해서 눈이 아파요.

어휘

- **ท้อง** 배
- **เสีย** 상하다
- **อาหารเป็นพิษ** 식중독
- **น่าจะเป็น** ~일 것 같다
- **เพราะ** ~때문에
- **ตลอด** 내내, 계속
- **เดี๋ยว** 곧, 머지 않아, 잠시
- **หาย** 낫다, 사라지다, 없어지다

확장 문형 배우기

Track 142

심화 보충 단어

มีไข้ 열이 있다	คัดจมูก 코가 막히다	ไอ 기침하다	มีน้ำมูก 콧물이 나다
เมื่อย 저리다, 욱신거리다	บวม 붓다	แสบ 따끔거리다, 쓰리다	คัน 가렵다
เป็นแผล 상처가 나다	บาด 베이다	หัก 부러지다	ผ่าตัด 수술하다
ยาแก้ไข้ 해열제	ยาแก้ปวดหัว 두통약	ยาแก้ไอ 기침약	ยาแก้หวัด 감기약
ยาระงับปวด 진통제	ยาแก้ท้องเสีย 설사약	ยาถ่าย 변비약	ยาช่วยย่อย 소화제

증상 관련 표현

- ขอยาสำหรับสองวันหน่อย 2일치 약을 주세요.
- ขอยาแก้เมารถหน่อย 멀미약을 주세요.
- ทานยานี้ตอนท้องว่าง 공복에 약을 드세요.
- ต้องเข้าเฝือก 깁스를 해야 해요.
- ล้างแผลและทายานี้ 상처를 소독하고 이 약을 발라 주세요.

연습문제

듣기

다음을 듣고 빈칸을 채워 보세요. Track 143

1. ______________ ค่ะ

2. ______________ ครับ

3. อาการ ______________ ครับ

말하기

질문에 답하세요.

1. อาการเป็นอย่างไรบ้างคะ

____

2. ยานี้กินครั้งละกี่เม็ดคะ

____

3. ต้องฉีดยาด้วยไหมคะ

____

읽기

다음 문장을 읽어 보세요. Track 144

1. รู้สึกคลื่นไส้
2. ทานยานี้ตอนท้องว่าง
3. ต้องเข้าเฝือก

✏️ 쓰기

쓰기 1. 다음 문장을 태국어로 쓰세요.

① 멀미가 나요.

→ _____

② 구역질이 나요(메스꺼워요).

→ _____

③ 알약을 주세요.

→ _____

쓰기 2. 다음 단어를 어순에 맞게 문장을 완성하세요.

① ไป / ให้ / เขา / น้ำดื่ม / ซื้อ

→ _____

② ต้อง / ยา / ไหม / ฉีด / ด้วย

→ _____

③ เพราะ / น่าจะ / เป็น / อาหารเป็นพิษ

→ _____

복습하기

Track 145

① มีอาการอย่างไรบ้างครับ

② ______________________

③ น่าจะเป็นเพราะอาหารเป็นพิษครับ
ทานยาตลอด 3 วันครับ

④ ______________________

⑤ ไม่ต้องครับ
____

문화 엿보기

태국에서는 에어컨이 가동되는 실내와 외부의 온도 차이가 무려 20도가 넘어요. 쉽게 감기에 걸릴 수 있으니 컨디션을 잘 조절해야 해요. 진료를 받을 때 증상이 심하면 '아깐 낙'이라고 하고, 증상이 심하지 않으면 '아깐 바오'라고 표현하세요.

태국에서 가벼운 증상인 경우에는 의사의 처방전 없이 약국에서 약을 살 수 있어요. 두통약이나 소화제 등 간단한 약은 약사에게 증상을 설명하고 약국에서 해결하면 돼요.

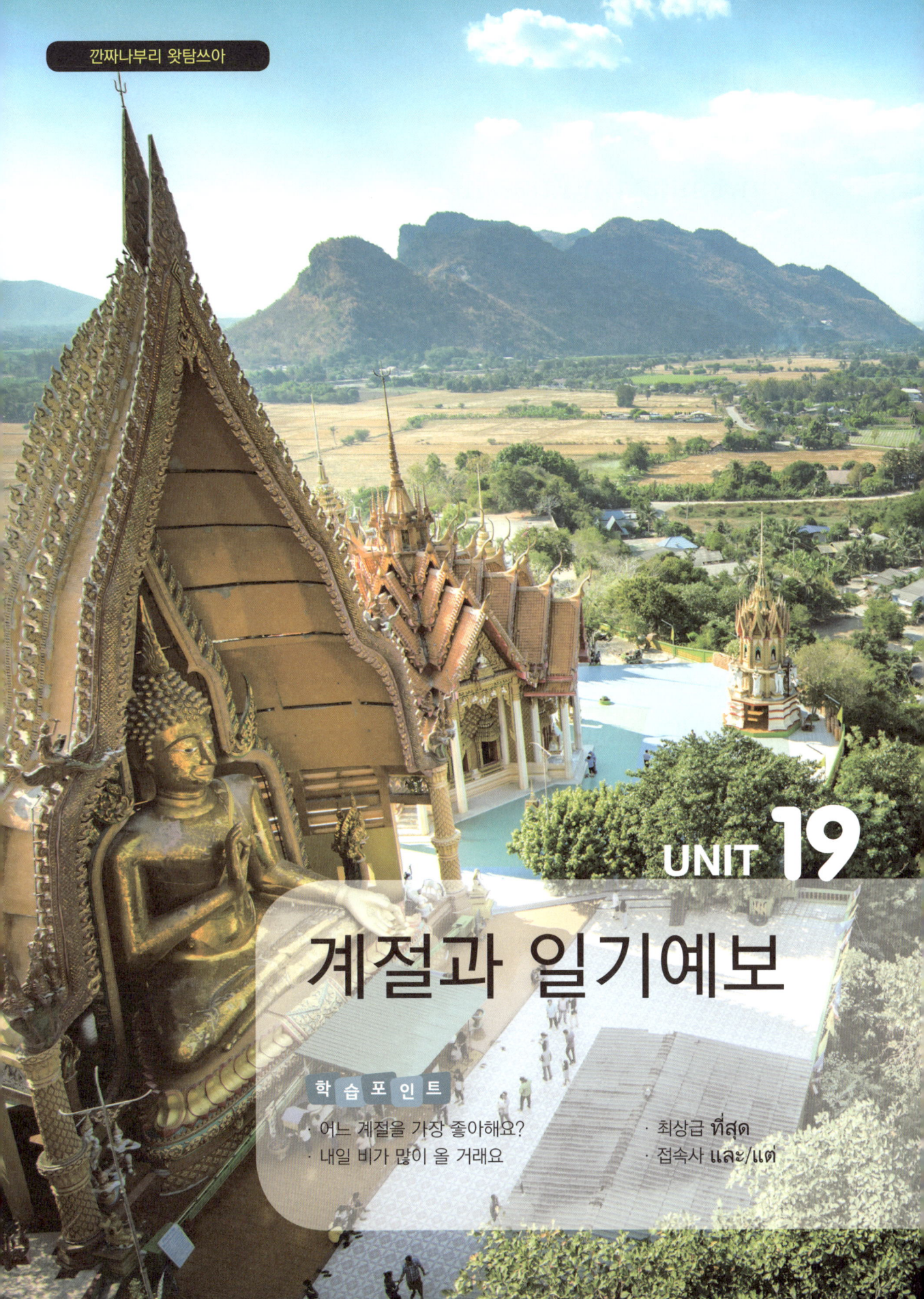

깐짜나부리 왓탐쓰아

UNIT 19

계절과 일기예보

학습포인트
· 어느 계절을 가장 좋아해요?
· 내일 비가 많이 올 거래요
· 최상급 ที่สุด
· 접속사 และ/แต่

 # 대화

대화 1 계절을 이야기해 봐요! 🎧 Track 146

A : คุณชอบฤดูไหนที่สุดครับ
B : ดิฉันชอบฤดูใบไม้ผลิค่ะ

A : 어느 계절을 가장 좋아해요?
B : 저는 봄을 가장 좋아해요.

핵심 포인트

이렇게도 말해요

A : ฤดูใบไม้ผลิเริ่มตั้งแต่เมื่อไรครับ
봄은 언제부터 시작돼요?

B : เริ่มตั้งแต่เดือนมีนาคม
3월부터 시작돼요.

교체 연습

คุณชอบ**ฤดูไหน**ที่สุด

ฉันชอบ**ฤดูใบไม้ผลิ**
　　　ฤดูร้อน
　　　ฤดูใบไม้ร่วง

어휘
- ฤดู 계절
- ที่สุด 가장, 제일
- ฤดูใบไม้ผลิ 봄
- ฤดูร้อน 여름
- ฤดูใบไม้ร่วง 가을
- ฤดูหนาว 겨울

어법

최상급 **ที่สุด**
ผมชอบเดือนธันวาคมมากที่สุด 저는 12월을 가장 좋아해요.
ดิฉันชอบฤดูหนาวมากที่สุด 저는 겨울을 가장 좋아해요.

대화 2 일기예보에 대해 물어봐요! 🎧 Track 147

A : ฟังพยากรณ์อากาศแล้วหรือครับ
B : บอกว่าจะมีฝนตกค่ะ

A : 일기예보 들으셨어요?
B : 비가 온대요.

핵심 포인트

이렇게도 말해요

A : พยากรณ์อากาศพรุ่งนี้เป็นยังไงบ้างครับ
내일 일기예보는 어때요?

B : เขาบอกว่าพรุ่งนี้ฝนจะตกหนักค่ะ
내일 비가 많이 올 거래요.

교체 연습

พยากรณ์อากาศพรุ่งนี้เป็นยังไงบ้าง

บอกว่าพรุ่งนี้<mark>ฝนจะตกหนัก</mark>
　　　　　　<mark>อากาศจะอบอุ่น</mark>
　　　　　　<mark>อากาศจะหนาว</mark>

어휘
- พยากรณ์อากาศ 일기예보
- บอก 전하다, 말하다
- ฝนตก 비가 오다
- อบอุ่น 따뜻하다
- หนาว 춥다

UNIT 19 계절과 일기예보

실전 회화

Track 148

มินซู:	วันนี้อากาศดีนะครับ
สุดา:	ใช่ค่ะ ไม่ร้อนไม่หนาวค่ะ
มินซู:	คุณชอบฤดูไหนที่สุดครับ
สุดา:	ดิฉันชอบฤดูใบไม้ร่วงค่ะ ตอนเช้าอากาศเย็นและตอนกลางวันอบอุ่นค่ะ
มินซู:	พยากรณ์อากาศพรุ่งนี้เป็นยังไงบ้างครับ
สุดา:	บอกว่าพรุ่งนี้ฝนจะตกหนักค่ะ

민수: 오늘 날씨가 좋네요.
쑤다: 맞아요. 덥지도 않고 춥지도 않아요.
민수: 어느 계절을 가장 좋아해요?
쑤다: 저는 가을을 가장 좋아해요.
아침은 선선하고 낮에는 따뜻해요.
민수: 내일 일기예보는 어때요?
쑤다: 내일 비가 많이 올 거예요.

🌴 접속사 **และ**는 '그리고, ~와/과'의 의미를 나타냅니다.
　예) **ตอนเช้าอากาศเย็นและตอนกลางวันร้อน**
　　아침은 선선하고 낮에는 더워요.

🌴 접속사 **แต่**는 '그러나, 하지만'의 의미를 나타냅니다.
　예) **เมื่อวานร้อนมาก แต่วันนี้ฝนตก**
　　어제는 아주 더웠는데 오늘은 비가 오네요.

어휘

☐ **ร้อน** 덥다
☐ **เย็น** 시원하다, 서늘하다, 차갑다
☐ **ตอนกลางวัน** 낮에

확장 문형 배우기

Track 149

심화 보충 단어

เมฆ	ลม	หิมะ	พายุ
구름	바람	눈	태풍
หมอก	ลมพัด	หิมะตก	น้ำท่วม
안개	바람이 불다	눈이 내리다	홍수가 나다
แจ่มใส	แล้ง	ครึ้ม	ชื้น
맑다	건조하다	흐리다	습하다

날씨 관련 표현

- **เหมือนฝนจะตก** 비가 올 것 같아요.

- **ท้องฟ้าครึ้ม** 하늘이 흐려요.

- **อากาศร้อนอบอ้าว** 날씨가 무더워요.

- **อากาศร้อนและชื้น** 날씨가 덥고 습해요.

- **วันนี้กี่องศา** 오늘 몇 도예요?

- **เกิน 33 องศา** 33도가 넘어요.

UNIT 19 계절과 일기예보

연습문제

듣기

다음을 듣고 빈칸을 채워 보세요. Track 150

1. คุณชอบ _____ ไหนที่สุดครับ

2. วันนี้ _____ ค่ะ

3. บอกว่าจะมี _____ ค่ะ

말하기

질문에 답하세요.

1. คุณชอบฤดูไหนที่สุด

   _____

2. พยากรณ์อากาศพรุ่งนี้เป็นยังไงบ้าง

   _____

3. ฤดูใบไม้ผลิเริ่มตั้งแต่เมื่อไร

   _____

읽기

다음 문장을 읽어 보세요. Track 151

1. เหมือนฝนจะตก

2. อากาศร้อนอบอ้าว

3. ฟังพยากรณ์อากาศแล้วหรือ

쓰기

쓰기 1. 다음 문장을 태국어로 쓰세요.

① 저는 가을을 가장 좋아해요.

→ _____

② 덥지도 않고 춥지도 않아요.

→ _____

③ 낮에는 따뜻해요.

→ _____

쓰기 2. 다음 단어를 어순에 맞게 문장을 완성하세요.

① เป็นยังไง / บ้าง / พยากรณ์อากาศ / พรุ่งนี้

→ _____

② ธันวาคม / ชอบ / มากที่สุด / ผม / เดือน

→ _____

③ พรุ่งนี้ / ตก / บอกว่า / หนัก / ฝน / จะ

→ _____

복습하기

Track 152

① วันนี้อากาศดีนะครับ

② ______________________

③ คุณชอบฤดูไหนที่สุดครับ

④ ______________________
ตอนเช้าอากาศเย็นและตอนกลางวันอบอุ่นค่ะ

⑤ พยากรณ์อากาศพรุ่งนี้เป็นยังไงบ้างครับ

⑥ ______________________

문화 엿보기

태국은 여름, 우기 그리고 겨울 세 계절로 구분하지만 일년 내내 더워요. 여름은 3월에서 5월까지이며 4월이 가장 더워요. 우기는 6월에서 11월까지이며, 열대몬순기후여서 비가 많이 와요. 하지만 비가 금세 그쳐요. 그리고 겨울은 12월부터 2월까지로, 태국 사람들은 기온이 조금만 내려가도 춥다고 해요. 태국은 연평균 기온이 30도가 넘어요. 그래서 25~26도 정도에는 시원하다고 느껴요. 우리가 한국에서 느끼는 '춥다(나우)'와 '시원하다(옌 싸바이)'와는 좀 차이가 있어요. 태국의 겨울은 날씨가 시원해서 12월에서 2월 사이에 여행하기 가장 좋아요.

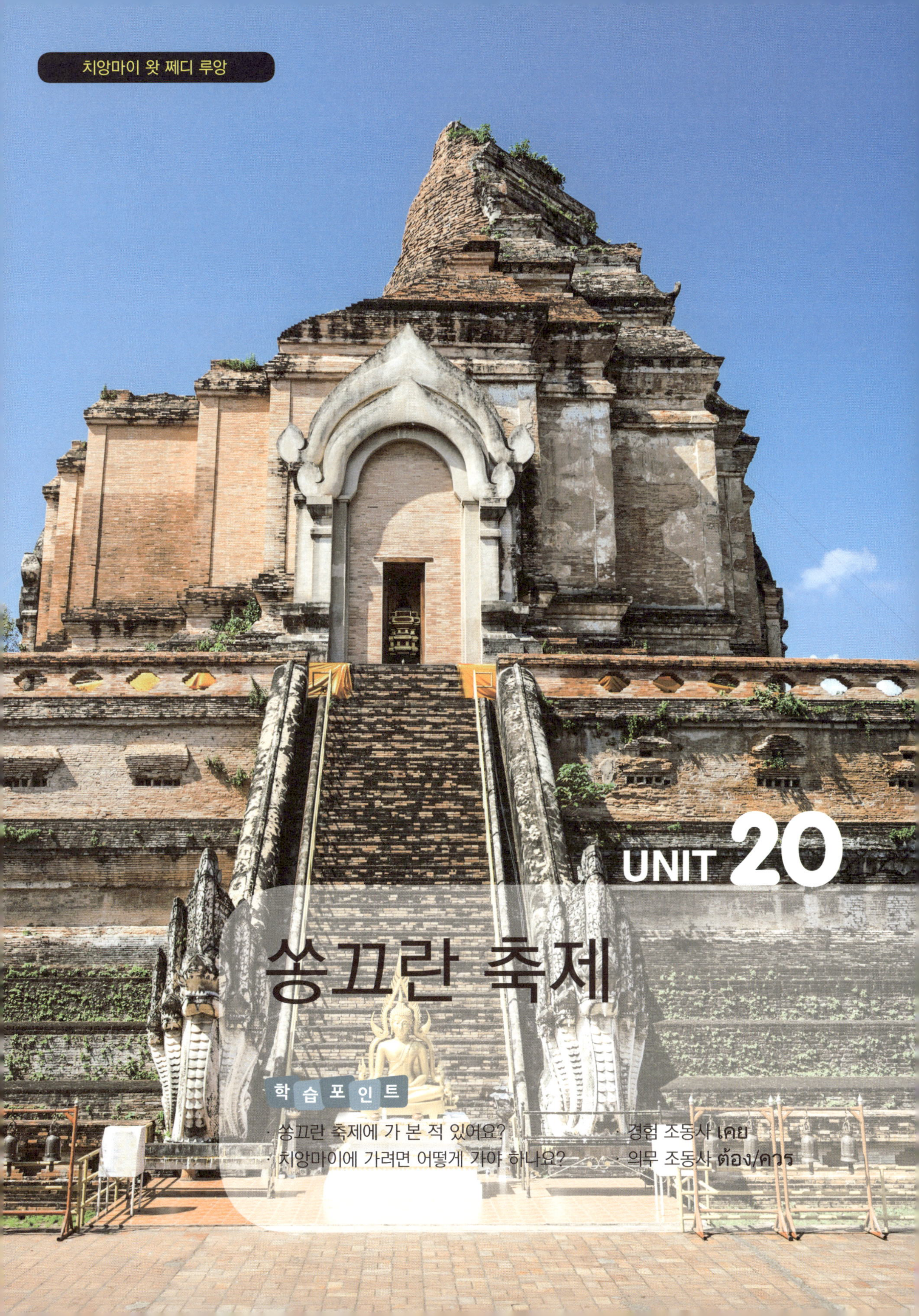

치앙마이 왓 쩨디 루앙

UNIT 20

쏭끄란 축제

학습포인트

· 쏭끄란 축제에 가 본 적 있어요?
· 치앙마이에 가려면 어떻게 가야 하나요?
· 경험 조동사 เคย
· 의무 조동사 ต้อง/ควร

 대화

대화 1 축제에 가 본 적이 있는지 물어봐요!  Track 153

A : คุณเคยไปเล่นสงกรานต์ไหมคะ
B : ไม่เคยครับ

A : 쏭끄란 물놀이 축제에 가 본 적 있으세요?
B : 가 본 적 없어요.

핵심 포인트

이렇게도 말해요

A : ไปเที่ยวงานสงกรานต์ที่เชียงใหม่กันไหมคะ
치앙마이에 쏭끄란 축제 함께 가실래요?

B : ดีครับ 좋아요.

어휘
- เคย ~한 적이 있다
- งานสงกรานต์ 쏭끄란 축제
- เกาะสมุย 싸무이 섬

교체 연습

คุณเคย ไปเที่ยวงานสงกรานต์ ไหม
        อยู่เมืองไทย
        ดูหนังไทย

어법

เคย는 경험을 나타내는 조동사로 동사 앞에 위치합니다. 대답할 때는 조동사만 표현해도 됩니다.

A : **คุณเคยไปเกาะสมุยไหม** 싸무이 섬에 가 본 적이 있어요?
B1 : **เคยไปเกาะสมุย** 싸무이 섬에 가 본 적이 있어요.
B2 : **ยังไม่เคยไปเกาะสมุย** 아직 싸무이 섬에 가 본 적이 없어요.

대화 2 어떻게 가는지 물어봐요!

🎧 Track 154

A: จะไปเชียงใหม่ต้องไปอย่างไรครับ
B: ไปรถไฟ รถทัวร์ หรือเครื่องบินก็ได้ค่ะ

A : 치앙마이에 가려면 어떻게 가야 하나요?
B : 기차, 버스 또는 비행기로 가도 돼요.

∷ **อย่างไร**는 '어떻게'라는 의문사입니다.
예) **ไปอย่างไร** 어떻게 가요?

∷ **หรือ**는 '~인가요?'라는 뜻의 의문조사입니다. '또는'이라는 선택을 나타내는 접속사로 사용되기도 합니다.
예) **คุณชอบอาหารไทยหรืออาหารฝรั่ง** 너는 태국 음식을 좋아해, 서양 음식을 좋아해?

핵심 포인트

이렇게도 말해요

A: รถทัวร์ไปภาคเหนือขึ้นได้ที่ไหนครับ
북부로 가는 버스는 어디서 타나요?

B: รถทัวร์ไปภาคเหนือขึ้นที่หมอชิตค่ะ
북부로 가는 버스는 머칫 터미널에서 타세요.

어휘
- รถไฟ 기차
- รถทัวร์ (장거리) 버스
- เครื่องบิน 비행기
- ภาคเหนือ 북부
- ขึ้น 타다, 오르다
- รถเมล์ 버스
- ภาคใต้ 남부

교체 연습

รถทัวร์ไปภาคเหนือขึ้นได้ที่ไหน
รถทัวร์ไปภาคใต้
รถเมล์ไปสนามบิน

어법

ต้อง이나 **ควร**은 '~해야 한다'는 의무를 나타내는 조동사입니다. **ต้อง**은 '~해야 한다'는 강한 표현이며, **ควร**은 '~해야 한다'와 '~하는 것이 좋겠다'의 의미를 나타냅니다.

วันนี้**ต้อง**ทำความสะอาด 오늘 청소를 해야 한다.
พรุ่งนี้ไม่**ต้อง**ไปสนามบิน 내일 공항에 갈 필요가 없다.
วันอาทิตย์นี้**ควร**ซักผ้า 이번 일요일에 빨래를 하는 게 좋겠어.
วันนี้ไม่**ควร**ไปที่นั่น 오늘 거기에 가면 안 된다.

실전 회화

Track 155

สุดา: คุณเคยไปเล่นสงกรานต์ไหมคะ

มินซู: ไม่เคยครับ

สุดา: ไปเที่ยวงานสงกรานต์ที่เชียงใหม่กันไหมคะ

มินซู: ดีครับ จะไปเมื่อไรครับ

สุดา: ต้องไปก่อนวันสงกรานต์สัก 2~3 วันค่ะ

มินซู: แล้วจะไปอย่างไรครับ

สุดา: ไปรถไฟ รถทัวร์ หรือเครื่องบินก็ได้ค่ะ

มินซู: ไปรถทัวร์ก็แล้วกันครับ

수다: 쏭끄란 물놀이 축제에 가 본 적 있으세요?
민수: 가 본 적 없어요.
수다: 치앙마이에 쏭끄란 축제 함께 가실래요?
민수: 좋아요. 언제 갈 거예요?
수다: 쏭끄란 2~3일 전에 가야 해요.
민수: 그러면 어떻게 갈 거예요?
수다: 기차, 버스 또는 비행기로 가도 돼요.
민수: 버스로 가죠.

어휘

- ก่อน ~전에
- สัก ~정도, ~만큼

확장 문형 배우기

Track 156

심화 보충 단어

รถไฟฟ้า 지상철	รถไฟใต้ดิน 지하철	สถานี 역	ตั๋ว 표
ตุ๊กตุ๊ก 삼륜차	แท็กซี่ 택시	เนวิเกเตอร์ 내비게이터	ที่นั่ง 좌석
เข็มขัดนิรภัย 안전벨트	ขับรถ 운전하다	สะดวก 편리하다	จอง 예약하다

길 찾기 표현

- **นั่งรถเมล์แป๊บเดียวก็ถึง** 버스를 타면 금방이에요.
- **ถ้าเดินไปใช้เวลาประมาณ 20 นาที** 걸어가면 20분 걸려요.
- **ช่วยเรียกแท็กซี่หน่อย** 택시 좀 불러 주세요.
- **ช่วยขับช้าๆ หน่อย** 천천히 가 주세요.
- **จอดที่นี่ด้วย** 여기 세워 주세요.
- **ผ่านไปแล้ว** 지나쳤어요.
- **ค่ารถเท่าไร** 요금이 얼마예요?

연습문제

듣기

다음을 듣고 빈칸을 채워 보세요. Track 157

1. คุณ _____ เล่นสงกรานต์ไหมคะ

2. _____ ไปค่ะ

3. จะไปเชียงใหม่ _____ ครับ

말하기

질문에 답하세요.

1. คุณเคยไปเกาะสมุยไหม
   _____

2. คุณเคยอยู่เมืองไทยไหม
   _____

3. คุณเคยดูหนังไทยไหม
   _____

읽기

다음 문장을 읽어 보세요. Track 158

1. นั่งรถเมล์แป๊บเดียวก็ถึง
2. ถ้าเดินไปใช้เวลาประมาณ 20 นาที
3. ช่วยเรียกแท็กซี่หน่อย

✏️ 쓰기

쓰기 1. 다음 문장을 태국어로 쓰세요.

① 쏭끄란 물놀이 축제에 가 본 적 있으세요?

   → _____

② 싸무이 섬에 가 본 적 없어요.

   → _____

③ 기차, 버스 또는 비행기로 가도 돼요.

   → _____

쓰기 2. 다음 단어를 어순에 맞게 문장을 완성하세요.

① ไปเที่ยว / เชียงใหม่ / ที่ / งาน / กัน / ไหม / สงกรานต์ / จะ

   → _____

② ต้อง / ก่อน / ไป / สัก / วันสงกรานต์ / 2~3 วัน

   → _____

③ ก็แล้วกัน / ไป / รถทัวร์

   → _____

복습하기

Track 159

① คุณเคยไปเล่นสงกรานต์ไหมคะ

② ________________________

③ จะไปเที่ยวงานสงกรานต์ที่เชียงใหม่กันไหมคะ

④ ________________________

⑤ ต้องไปก่อนวันสงกรานต์สัก 2~3 วันค่ะ

⑥ ________________________

⑦ ไปรถไฟ รถทัวร์ หรือเครื่องบินก็ได้ค่ะ

⑧ ________________________

문화 엿보기

쏭끄란은 태국의 설날로 최대 명절이에요. 매년 4월 13일이며 3일간 쉬어요. 옛날에는 농사일이 끝난 뒤 휴식을 위해 축제가 열렸어요. 쏭끄란 기간에 절에 가서 공양을 하고, 집안을 깨끗이 청소하고, 그리고 어른들에게 물을 뿌리며 축복의 말을 전했어요. 태국은 4월이 가장 더운 시기인데, 이렇게 더운 날씨에 시원하게 잘 지내라는 의미로 물이나 향수를 넣은 물을 뿌려요. 지금은 물 뿌리기가 물놀이처럼 되었어요. 물 뿌리기 축제는 태국 전역에서 열리는데, 태국 북부 치앙마이에서는 열흘 정도 축제가 열려요. 외국인들도 이 축제를 즐기기 위해 많이 오기도 해요.

태국 축제

부록

· 연습문제 정답
· 여행 태국어
· 필수 어휘
· 어휘 정리

연습문제 정답

UNIT 01

듣기
1. เจอกันใหม่
2. ไม่ได้พบกันนานแล้วนะครับ
3. ขอตัวก่อนนะครับ

말하기
1. สวัสดีค่ะ
2. สบายดีค่ะ
3. ฉันก็เช่นเดียวกันค่ะ

쓰기
1. ① สวัสดีครับ คุณครู
   ② สบายดี
   ③ เจอกันพรุ่งนี้
2. ① ขอตัวก่อนนะ
   ② ยินดีที่ได้พบคุณ
   ③ ไม่ได้เจอกันนานจริง ๆ

복습하기
⟨인사할 때⟩
② สวัสดีครับ สบายดีไหมครับ
⟨헤어질 때⟩
② เจอกันพรุ่งนี้ครับ

UNIT 02

듣기
1. คุณชื่ออะไร
2. ผมมาจากเกาหลี
3. คุณมาจากไหนคะ

말하기
1. ฉันชื่อ○○○ค่ะ
2. ผมมาจากเกาหลีครับ
3. ฉันเป็นคนเกาหลี

쓰기
1. ① คุณชื่ออะไร
   ② ยินดีที่ได้รู้จัก
   ③ คุณเป็นคนชาติอะไร
2. ① ฉัน มาจากเกาหลี
   ② ยินดีที่ได้รู้จักคุณ
   ③ คุณเป็นคนชาติอะไร

복습하기
② ผมชื่อสมชายครับ
④ ผมก็ยินดีที่ได้รู้จักเช่นกันครับ
⑥ ผมมาจากเชียงใหม่ครับ

UNIT 03

듣기
1. ช่วยเปิดแอร์หน่อยครับ
2. ขอบคุณที่ช่วยเหลือ
3. ช่วยปิดแอร์หน่อยครับ

말하기
1. ไม่เป็นไรค่ะ
2. ได้ครับ
3. ไม่เป็นไรครับ

쓰기
1. ① ช่วยปิดแอร์หน่อย
   ② ไม่เป็นไร
   ③ ขอบคุณ
2. ① ช่วยถือหนังสือหน่อย
   ② ขอบคุณที่ช่วยฉัน
   ③ ขอบคุณสำหรับทุกสิ่ง

복습하기

② ได้ครับ

④ ไม่เป็นไรครับ

UNIT 04

듣기

1. ขอโทษครับ
2. ไม่เป็นไรค่ะ
3. เสียใจด้วย

말하기

1. ไม่เป็นไรค่ะ
2. รู้สึกเสียใจด้วย
3. ไม่เป็นไรค่ะ

쓰기

1. ① ขอโทษที่มาสาย
   ② ไม่เป็นไร
   ③ ไม่ต้องห่วง
2. ① ฉันทำผิดเอง
   ② รถติดหรือคะ
   ③ ขอโทษที่ไม่ได้โทรหาทันที

복습하기

② ดิฉันมาสาย

③ ไม่เป็นไรครับ

⑥ รถติดมาก

UNIT 05

듣기

1. นี่ใครครับ
2. นั่นใครคะ
3. นั่นเป็นเพื่อนอาจารย์สมชายค่ะ

말하기

1. นี่○○○ค่ะ
2. นี่○○○ค่ะ
3. ○○○ค่ะ

쓰기

1. ① นี่ใคร
   ② คนโน้นใคร
   ③ เป็นเพื่อนของฉัน
2. ① นั่นเป็นน้องสาวของฉัน
   ② นี่ภาษาไทยเรียกว่าอะไร
   ③ คนนั้นเป็นประธานบริษัท

복습하기

② เพื่อนสนิทของฉันค่ะ

③ เป็นนักศึกษาเกาหลีครับ

④ นี่อะไรครับ

⑦ มะละกอครับ

UNIT 06

듣기

1. บ้านคุณอยู่ที่ไหนคะ
2. บ้านผมอยู่ซอยสุขุมวิท 23 ครับ
3. คุณอยู่ที่ไหน

말하기

1. บ้านฉันอยู่ที่ ......
2. อยู่ที่ ......
3. บ้านเกิดของฉันอยู่ที่ ......

쓰기

1. ① บ้านคุณอยู่ที่ไหน
   ② อยู่ที่โซล
   ③ กระเป๋าอยู่ที่ไหน

2. ① ที่ทำงานอยู่ตรงขามห้าง
   ② พ่อแม่ไม่อยู่ที่ต่างจังหวัด
   ③ อยู่ไกลจากที่นี่นิดหน่อย

복습하기
② บ้านผมอยู่ซอยสุขุมวิท 23 ครับ
④ บ้านเกิดของคุณอยู่ที่ไหนครับ
⑤ อยู่ไกลจากที่นี่นิดหน่อยค่ะ

UNIT 07
듣기
1. คุณทำงานอะไร
2. ผมเป็นข้าราชการ
3. คุณมีอาชีพอะไรคะ

말하기
1. ฉันเป็น ……
2. ฉันเป็น ……
3. ผมทำงานที่ ……

쓰기
1. ① คุณทำงานที่ไหน
   ② คุณมีอาชีพอะไร
   ③ ฉันเป็นนักศึกษา
2. ① ฉันเป็นพนักงานบริษัท
   ② คุณทำงานที่แผนกไหน
   ③ ฉันทำงานที่แผนกบัญชี

복습하기
② ผมเป็นทหารครับ
④ ทหารบกครับ
⑤ ฉันเป็นครูค่ะ

UNIT 08
듣기
1. ตอนนี้กี่โมงครับ
2. 9 โมงครึ่งค่ะ
3. บ่าย 2 โมงค่ะ

말하기
1. …… ค่ะ
2. …… ค่ะ
3. …… ค่ะ

쓰기
1. ① ตอนนี้กี่โมง
   ② 10 โมง
   ③ ช้าไป 5 นาที
2. ① แบตเตอรี่หมดแล้วครับ
   ② ตอนนี้ตีห้าครึ่ง
   ③ ช่วยปรับนาฬิกาให้ตรงเวลา

복습하기
② บ่าย 2 โมงครับ
④ ช้าไป 5 นาทีครับ
⑥ แบตเตอรี่หมดแล้วครับ

UNIT 09
듣기
1. คุณอายุเท่าไรคะ
2. 25 ปีครับ
3. สามีอายุมากกว่าฉัน 2 ปีค่ะ

말하기
1. …… ปีครับ
2. …… ปีค่ะ

3. ...... อายุมากกว่า .... ปีค่ะ

쓰기
1. ① 28 ปี
   ② เขามีอายุมากกว่าฉัน
   ③ ฉันอายุมากกว่าคุณ
2. ① พี่สาวอายุมากกว่าผม 2 ปี
   ② คุณกับสามีของคุณใครอายุมากกว่ากัน
   ③ ดูเด็กกว่าอายุ

복습하기
① คุณอายุเท่าไรคะ
② 25 ปีครับ
③ ดิฉันอายุมากกว่าคุณค่ะ
④ ดูเด็กกว่าอายุครับ

UNIT 10

듣기
1. พรุ่งนี้วันที่เท่าไรครับ
2. วันที่เท่าไรคะ
3. วันนี้วันที่ 31 ธันวาคมค่ะ

말하기
1. วันนี้วันที่ ...... ค่ะ
2. วันที่ .... ค่ะ
3. วันแม่แห่งชาติของไทย วันที่ 12 สิงหาคมค่ะ

쓰기
1. ① วันเกิดเมื่อไร
   ② ยินดีด้วย
   ③ วันที่ 5 ตุลาคม
2. ① คุณจะสอบปลายภาคเสร็จเมื่อไร
   ② ปิดเทอมหน้าร้อนเริ่มเมื่อไร
   ③ วันเกิดของฉัน วันที่ 18 มิถุนายน

복습하기
② ผมสอบปลายภาคเสร็จวันที่ 20 มิถุนายนครับ
④ สอบเสร็จแล้วก็ปิดเทอมเลยครับ
⑥ วันที่ 4 กันยายนครับ

UNIT 11

듣기
1. วันนี้วันอะไรคะ
2. วันนี้วันศุกร์ครับ
3. พรุ่งนี้วันอะไรคะ

말하기
1. พรุ่งนี้ ...... ครับ
2. หยุดครับ
3. วันเสาร์นี้ ...... ครับ

쓰기
1. ① วันนี้วันศุกร์
   ② พรุ่งนี้วันอะไร
   ③ พรุ่งนี้วันเสาร์
2. ① วันอาทิตย์หยุดไหม
   ② เดือนหน้าฉันจะไปเมืองไทย
   ③ บริษัทของผมทำงานวันจันทร์ถึงวันศุกร์

복습하기
② วันเสาร์ทำงานเฉพาะตอนเช้าครับ
④ หยุดวันอาทิตย์วันเดียวครับ
⑥ วันอาทิตย์นี้จะไปเรียนทำอาหารไทยครับ

UNIT 12

듣기
1. คุณมีครอบครัวกี่คนคะ
2. 4 คนครับ
3. คุณมีพี่น้องไหมคะ

말하기
1. ...... ครับ
2. ...... ครับ
3. ...... ครับ

쓰기
1. ① คุณมีพี่น้องไหม
   ② มีลูกไหม
   ③ แต่งงานแล้วหรือยัง
2. ① ฉันยังไม่ได้แต่งงาน
   ② ครอบครัวของฉันมี 4 คนฉัน
   ③ ครอบครัวของคุณอยู่ที่กรุงเทพฯ หรือเปล่า

복습하기
② ครอบครัวของผมมี 4 คนครับ
④ มีน้องชายครับ
⑥ น้องชายเป็นนักศึกษาครับ
⑧ ผมอยู่โซลคนเดียว ส่วนครอบครัวอยู่ภูเก็ตครับ

UNIT 13

듣기
1. ว่าง ๆ คุณชอบทำอะไรครับ
2. ชอบอ่านหนังสือค่ะ
3. เมื่อมีเวลาว่างคุณชอบทำอะไร

말하기
1. ชอบ ......
2. งานอดิเรกของฉันคือ ......
3. ......

쓰기
1. ① งานอดิเรกของคุณคืออะไร
   ② งานอดิเรกของฉันคือการตีกอล์ฟ
   ③ ชอบเล่นกีฬาไหม
2. ① งานอดิเรกของฉันคือการปีนเขา
   ② ฉันชอบสะสมแสตมป์
   ③ ชอบอ่านหนังสือประวัติศาสตร์

복습하기
② ชอบอ่านหนังสือครับ
④ ชอบอ่านหนังสือประวัติศาสตร์ครับ
⑥ ชอบเล่นกีฬาอะไรครับ

UNIT 14

듣기
1. อยากกินอะไรครับ
2. อยากกินก๋วยเตี๋ยวค่ะ
3. กินได้ทุกอย่าง

말하기
1. อยากกิน ...... ค่ะ
2. ...... ครับ
3. ...... ครับ

쓰기
1. ① กินได้ทุกอย่าง
   ② อะไรก็ได้
   ③ อร่อย
2. ① รสชาติเป็นอย่างไรบ้าง

② ฉันไม่กินเนื้อหมู
③ ช่วยเผากุ้งให้สุกหน่อย

복습하기
① หิวข้าวครับ
③ อยากกินอาหารทะเลครับ
　ช่วยเผากุ้งให้สุกหน่อยครับ
⑤ น่ากินจังเลยครับ
⑦ ไม่เลวครับ

UNIT 15

듣기
1. เอาอีกไหมคะ
2. ขออีกหน่อยครับ
3. ทานเรียบร้อยแล้วครับ

말하기
1. …… ครับ
2. ขอ …… ค่ะ
3. เอา …… ค่ะ

쓰기
1. ① เอาอีกไหม
　② อิ่มแล้ว
　③ ขอน้ำส้ม
2. ① ขอเค้กมะนาวสองชิ้น
　② ทานเสร็จแล้วหรือ
　③ เนื้อชิ้นนี้อร่อยจริง ๆ

복습하기
② พอแล้วครับ
④ ทานเรียบร้อยแล้วครับ
⑥ ขอกาแฟครับ
⑧ ขอคาปูชิโน่ครับ

UNIT 16

듣기
1. วันหยุดผมออกไปกินข้าวครับ
2. หลังเลิกงานฉันมีนัดกับเพื่อนค่ะ
3. ปกติวันหยุดคุณทำอะไร

말하기
1. ฉันเลิกงาน ……
2. หลังเลิกงานฉันจะ ……
3. วันหยุดฉัน ……

쓰기
1. ① ฉันเลิกงานตอนห้าโมงเย็น
　② หลังเลิกงานฉันจะไปเดินเล่นที่ห้าง
　③ วันหยุดฉันจะนอนอ่านหนังสืออยู่บ้าน
2. ① หลังเลิกงานคุณจะกลับบ้านเลยหรือเปล่า
　② ไปซื้อมือถือเครื่องใหม่กับผมหน่อย
　③ วันหยุดฉันไปเรียนทำขนม

복습하기
② ฉันเลิกงานตอนห้าโมงเย็นค่ะ
④ หลังเลิกงานฉันจะไปเดินเล่นที่ห้างค่ะ
⑥ ก็ดีค่ะ

UNIT 17

듣기
1. ลองได้ไหมคะ
2. จะซื้อรองเท้าแตะครับ
3. ใส่พอดีค่ะ

말하기
1. …… ครับ

2. …… ครับ

3. …… ครับ

쓰기

1. ① ลองได้ไหม
   ② ลองไม่ได้
   ③ พอดีไหม

2. ① ลองใส่อันนี้ดูได้ไหม
   ② ฉันซื้อของทางอินเทอร์เน็ต
   ③ ลดราคาได้ไหม

복습하기

② รองเท้าแตะครับ
   ลองได้ไหมครับ
④ พอดีครับ เท่าไรครับ
⑥ มีถูกกว่านี้ไหมครับ

UNIT 18

듣기

1. ไม่สบายหรือคะ
2. เมารถครับ
3. อาการเป็นอย่างไรบ้างครับ

말하기

1. …… ครับ
2. กินยานี้ครั้งละ …… เม็ดครับ
3. …… ครับ

쓰기

1. ① เมารถ
   ② รู้สึกคลื่นไส้
   ③ ขอยาเม็ดหน่อย

2. ① ให้เขาไปซื้อน้ำดื่ม
   ② ต้องฉีดยาด้วยไหม
   ③ น่าจะเป็นเพราะอาหารเป็นพิษ

복습하기

② รู้สึกอาเจียนและท้องเสียค่ะ
④ ต้องฉีดยาด้วยไหมคะ
⑤ อาการไม่หนักเท่าไร เดี๋ยวก็จะหายครับ

UNIT 19

듣기

1. คุณชอบฤดูไหนที่สุดครับ
2. วันนี้อากาศดีค่ะ
3. บอกว่าจะมีฝนตกค่ะ

말하기

1. ฉันชอบฤดู ……
2. บอกว่าพรุ่งนี้……
3. เริ่มตั้งแต่เดือน ……

쓰기

1. ① ฉันชอบฤดูใบไม้ร่วง
   ② ไม่ร้อนไม่หนาว
   ③ ตอนกลางวันอากาศอบอุ่น

2. ① พยากรณ์อากาศพรุ่งนี้เป็นยังไงบ้าง
   ② ผมชอบเดือนธันวาคมมากที่สุด
   ③ บอกว่าพรุ่งนี้ฝนจะตกหนัก

복습하기

② ใช่ค่ะ ไม่ร้อนไม่หนาวค่ะ
④ ดิฉันชอบฤดูใบไม้ร่วงค่ะ
⑥ บอกว่าพรุ่งนี้ฝนจะตกหนักค่ะ

UNIT 20

듣기

1. คุณ<u>เคย</u>ไปเล่นสงกรานต์ไหมคะ
2. <u>ไม่เคย</u>ไปค่ะ
3. จะไปเชียงใหม่<u>ต้องไปอย่างไร</u>ครับ

말하기

1. ...... ครับ
2. ...... ครับ
3. ...... ครับ

쓰기

1. ① คุณเคยไปเล่นสงกรานต์ไหม
   ② ไม่เคยไปเกาะสมุย
   ③ ไปรถไฟ รถทัวร์ หรือเครื่องบินก็ได้
2. ① จะไปเที่ยวงานสงกรานต์ที่เชียงใหม่กันไหม
   ② ต้องไปก่อนวันสงกรานต์สัก 2-3 วัน
   ③ ก็ไปรถทัวร์ก็แล้วกัน

복습하기

② ไม่เคยครับ
④ ดีครับ จะไปเมื่อไรครับ
⑥ แล้วจะไปอย่างไรครับ
⑧ ไปรถทัวร์ก็แล้วกันครับ

여행 태국어

입국

- **ขอดูพาสปอร์ตหน่อยครับ**
  여권 좀 보여 주세요.

- **คุณจะอยู่ที่นี่นานเท่าไรครับ**
  당신은 여기에 얼마나 체류할 건가요?

- **ประมาณหนึ่งเดือนค่ะ**
  한 달 정도요.

- **คุณจะมาธุระอะไรครับ**
  어떤 목적으로 오셨나요?

- **มาเที่ยวค่ะ**
  관광이에요.

- **มีตั๋วเครื่องบินขากลับอยู่ไหมครับ**
  귀국 항공권이 있습니까?

- **มีค่ะ**
  있습니다.

- **กระเป๋าของดิฉันเสียหายแล้วค่ะ**
  제 가방이 파손되었습니다.

- **ดิฉันหากระเป๋าไม่เจอค่ะ**
  제 가방을 찾을 수 없습니다.

- **ขอดูตารางสัมภาระครับ**
  수화물 표를 보여 주세요.

- **มีอะไรแจ้งไหมครับ**
  신고할 것이 있습니까?

- **ไม่มีอะไรค่ะ**
  아무것도 없습니다.

- **ในกระเป๋านี้มีอะไรอยู่ครับ**
  이 가방 안에 무엇이 들어 있습니까?

- **มีแต่ของใช้ส่วนตัวเท่านั้นค่ะ**
  저의 개인 물품뿐입니다.

기내

- **ที่นั่งของผมอยู่ที่ไหนครับ**
  제 좌석은 어디입니까?

- **โน่นเป็นที่นั่งของคุณค่ะ**
  저기가 당신 좌석입니다.

- **เอนที่นั่งหน่อยได้ไหมครับ**
  등받이를 젖혀도 될까요?

- **ขอผ้าห่มผืนหนึ่งหน่อยครับ**
  담요 한 장 주세요.

- **ขอน้ำส้มหน่อยครับ**
  오렌지 주스 주세요.

- **มียาแก้ปวดหัวไหมครับ**
  두통약 있나요?

출국

- **ขอดูตั๋วเครื่องบินกับพาสปอร์ตหน่อยครับ**
  당신의 티켓과 여권을 보여 주세요.

- **คุณมีกระเป๋ากี่ใบครับ**
  당신은 가방이 몇 개입니까?

- **สองใบค่ะ**
  2개입니다.

- ขอที่นั่งติดหน้าต่างหน่อยค่ะ
  창가 쪽 좌석으로 주세요.

- ขอที่นั่งติดทางเดินหน่อยค่ะ
  통로 쪽 좌석으로 주세요.

교통

- ถ้าจะไปถนนข้าวสารต้องไปอย่างไรครับ
  카오산을 가려면 어떻게 가나요?

- ทางไปอโศกที่เร็วที่สุดคือทางไหนครับ
  아쏙으로 가는 가장 빠른 길은 무엇인가요?

- ป้ายรถเมล์อยู่ที่ไหนครับ
  버스 정류장은 어디입니까?

- รถเมล์คันนี้ไปสุขุมวิทไหมครับ
  이 버스가 쑤쿰윗에 가나요?

- ถึงตัวเมืองกรุงเทพใช้เวลาเท่าไรครับ
  방콕 시내까지 얼마나 걸릴까요?

- ออกกี่โมงครับ
  몇 시에 출발합니까?

- ช่วยไปส่งตามที่อยู่นี้ด้วยครับ
  이 주소로 데려다 주세요.

- ซื้อตั๋วรถไฟไปเชียงใหม่ 4 ใบครับ
  치앙마이 가는 기차표 4장 주세요.

- ขอเป็นตู้นอนครับ
  침대 칸으로 주세요.

- ค่าตั๋วชั้นหนึ่งราคาเท่าไรครับ
  일등석 요금은 얼마입니까?

호텔

- ดิฉันจองเมื่อ 2 อาทิตย์ที่แล้วค่ะ
  저는 2주일 전에 예약했어요.

- คืนละเท่าไรคะ
  하룻밤에 얼마예요?

- ค่าที่พักรวมอาหารเช้าด้วยหรือเปล่าคะ
  요금은 아침 식사를 포함한 가격인가요?

- ช่วยปลุกตอน 7 โมงเช้าได้ไหมคะ
  아침 7시에 깨워 줄 수 있어요?

- ลืมกุญแจไว้ที่ห้องค่ะ
  열쇠를 방에 두고 나왔어요.

- อยากพักเพิ่มอีกคืนหนึ่งค่ะ
  하룻밤 더 묵고 싶어요.

- ขอเปลี่ยนห้องได้ไหมคะ
  방을 바꿔줄 수 있어요?

- เช็คเอาท์กี่โมงคะ
  체크아웃은 몇 시예요?

여행 태국어

- **เช็คเอาท์ประมาณ 3 โมงได้ไหมคะ**
  체크아웃을 3시쯤 할 수 있을까요?

식당

- **ขอเมนูหน่อยครับ**
  메뉴 좀 주세요.

- **รับออเดอร์หน่อยครับ**
  여기 주문 받으세요.

- **นี่อาหารอะไรเหรอครับ**
  이건 무슨 요리인가요?

- **อย่าทำเผ็ดมากครับ**
  너무 맵지 않게 해 주세요.

- **ไม่ใส่ผักชีนะครับ**
  고수를 넣지 마세요.

- **ขอข้าวผัดกุ้ง 2 จานครับ**
  새우볶음밥 2접시 주세요.

- **ช่วยเปลี่ยนช้อนและส้อมให้ใหม่ด้วยครับ**
  숟가락과 포크를 새것으로 바꿔 주세요.

- **ขอผ้าเช็ดปากหน่อยครับ**
  냅킨 좀 주세요.

- **เช็คบิลครับ**
  계산할게요.

쇼핑

- **ซื้อของที่ระลึกได้ที่ไหนคะ**
  기념품을 어디에서 살 수 있어요?

- **ขอดูอันนั้นหน่อยค่ะ**
  저것 좀 보여 주세요.

- **ลองได้ไหมคะ**
  입어 봐도 될까요?

- **มีไซส์ใหญ่กว่านี้ไหมคะ**
  이것보다 큰 사이즈 있어요?

- **ราคาเท่าไรคะ**
  얼마예요?

- **แพงเกินไปค่ะ**
  너무 비싸요.

- **ลดได้ไหมคะ**
  깎아 줄 수 있나요?

- **อันนี้เป็นราคาลดหรือเปล่าคะ**
  이것은 할인 가격인가요?

- **เอาอันนี้ค่ะ**
  이것으로 하겠습니다.

관광

- **ที่นี่มีแผนที่กรุงเทพไหมคะ**
  여기 방콕 지도가 있어요?

- **พิพิธภัณฑ์เปิดวันจันทร์หรือเปล่าคะ**
  박물관은 월요일에 개관하나요?

- จะจองทัวไปอยุธยาพรุ่งนี้ค่ะ
  내일 아유타야 투어를 예약하려구요.
- เวลาเข้าวัด ต้องใส่กระโปรงยาวด้วยหรือคะ
  사원에 들어갈 때 긴치마를 입어야 하나요?
- ค่าเข้าเท่าไรคะ
  입장료가 얼마예요?
- จากนี่ไปไกลไหมคะ
  여기서 먼가요?
- ออกเดินทางตอนเช้าและกลับถึงโรงแรมตอนเย็นครับ
  아침에 출발해서 저녁에 호텔에 도착해요.
- ถ่ายรูปได้ไหมคะ
  사진을 찍어도 되나요?
- ช่วยถ่ายรูปให้หน่อยค่ะ
  사진 좀 찍어 주세요.

환전

- อัตราแลกเงินเป็นอย่างไรครับ
  환율이 어떻게 되나요?
- ขอแลกเงินหน่อยครับ
  환전해 주세요.
- ขอแลกแบงค์ย่อยได้ไหมครับ
  이것을 잔돈으로 바꿀 수 있어요?
- เครื่องATM อยู่ที่ไหนครับ
  현금 인출기가 어디에 있어요?
- ที่นี่แลกเงินเกาหลีได้ไหมครับ
  여기서 한국 돈을 환전할 수 있어요?

위기 상황

- ลืมมือถือไว้บนรถแท็กซี่ค่ะ
  택시 안에 휴대폰을 두고 내렸어요.
- กระเป๋าถูกขโมยค่ะ
  가방을 도난 당했어요.
- ทำพาสปอร์ตหายค่ะ
  여권을 잃어버렸어요.
- ต้องออกหนังสือเดินทางใหม่ค่ะ
  여권을 재발급 받아야 해요.
- ไปแจ้งที่สถานีตำรวจและสถานทูตครับ
  경찰서와 대사관에 신고하세요.

필수 어휘

시간

เช้า	차오	아침
ก่อนเที่ยง	껀 티앙	오전
เที่ยงวัน	티앙 완	정오
หลังเที่ยง	랑 티앙	오후
เย็น	옌	저녁
ดึก	득	밤
วันนี้	완니	오늘
เมื่อวานนี้	므어완 니	어제
พรุ่งนี้	프룽 니	내일
วันหยุด	완윳	휴일
สุดสัปดาห์	쏫 쌉다	주말
ทั้งวัน	탕완	하루 종일

인칭대명사와 지시사

ผม	폼	나(남성)
ดิฉัน	디찬	나(여성)
คุณ	쿤	당신
เขา	카오	그
เธอ	트ㅓ	그녀
เรา	라오	우리
นี่	니	이것
นั่น	난	그것
โน่น	논	저것
ที่นี่	티니	여기
ที่นั่น	티난	거기
ที่โน่น	티논	저기

가족 관계와 호칭

ครอบครัว	크럽 크루어	가족
คุณพ่อ	쿤퍼	아버지
คุณแม่	쿤매	어머니
ลูกชาย	룩 차이	아들
ลูกสาว	룩 싸우	딸
พ่อแม่	퍼매	부모
พี่น้อง	피넝	형제, 자매
คุณ	쿤	너, ~씨
พี่	피	손윗사람(언니, 오빠, 누나, 형)
น้อง	넝	손아랫사람(동생)
ลูก	룩	자식
เด็ก	덱	아이
ผู้ชาย	푸 차이	남자
ผู้หญิง	푸잉	여자

대답

ครับ	크랍	네(남성이 대답)
ค่ะ	카	네(여성이 대답)
ใช่	차이	그렇다
ไม่ใช่	마이 차이	아니다
ถูก	툭	맞다
ผิด	핏	틀리다
เข้าใจ	카오 짜이	이해하다
แน่นอน	내넌	확실하다

의문사와 접속사

อะไร	아라이	무엇
ที่ไหน	티나이	어디에
ใคร	크라이	누구
อย่างไร	양 라이	어떻게
เมื่อไร	므어 라이	언제
ทำไม	탐 마이	왜
เท่าไร	타오 라이	얼마
และ	래	그리고
แต่	때	그러나
หรือ	르	또는
เพื่อ	프어	~을 위해
เพราะ	프러	왜냐하면
จึง	쯩	그래서
ถ้า	타	만약
ถึงแม้ว่า	틍매와	비록 ~일지라도

필수 어휘(동사)

กิน	낀	먹다
ดื่ม	듬	마시다
ไป	빠이	가다
มา	마	오다
ทำงาน	탐 응안	일하다
สอน	썬	가르치다
เรียน	리안	배우다
พบ	폽	만나다
รอ	러	기다리다
แนะนำ	내남	소개하다
รู้จัก	루짝	알다
คุย	쿠이	이야기하다
ทะเลาะ	탈러	싸우다
ดูแล	둘래	돌봐 주다
จำ	짬	기억하다
ลืม	름	잊다
ซื้อ	쓰	사다
ขาย	카이	팔다
เปิด	쁘엇	열다; 켜다
ปิด	삣	닫다; 끄다
ถาม	탐	질문하다
ตอบ	떱	대답하다
ติดต่อ	띳떠	연락하다
เตรียม	뜨리얌	준비하다
แต่งงาน	땡 응안	결혼하다
รัก	락	사랑하다
ชอบ	첩	좋아하다
เก็บ	껩	모으다
ทิ้ง	팅	버리다
ตื่น	뜬	일어나다, 깨어나다
แปรงฟัน	쁘랭 판	양치하다
อาบน้ำ	압남	샤워하다
โกนหนวด	꼰 누엇	면도하다
แต่งตัว	땡 뚜어	옷을 입다
นอน	넌	눕다, 자다
ซักผ้า	싹파	빨래하다

ทำความสะอาด 탐 쾀싸앗 청소하다
รีดผ้า 릿파 다림질하다

감정과 느낌

ดีใจ 디 짜이 기쁘다
ตกใจ 똑 짜이 놀라다
เสียใจ 씨아 짜이 애석하다
โกรธ 끄롯 화나다
สงสาร 쏭싼 불쌍하다
เศร้า 싸오 슬프다
เกลียด 끌리얏 증오하다
แค้น 캔 분노하다
ท้อใจ 터 짜이 후회하다
กลัว 끌루어 두렵다
เป็นห่วง 뻰 후엉 걱정하다
สนุก 싸눅 재미있다
สบาย 싸바이 편안하다
รู้สึก 루씍 느끼다
อารมณ์ 아롬 기분

국가와 언어

ประเทศเกาหลี 쁘라텟 까올리 한국
ภาษาเกาหลี 파싸 까올리 한국어
ประเทศไทย 쁘라텟 타이 태국
ภาษาไทย 파싸 타이 태국어
ประเทศอังกฤษ 쁘라텟 앙끄릿 영국
ภาษาอังกฤษ 파싸 앙끄릿 영어
ประเทศสหรัฐอเมริกา 쁘라텟 싸하랏 아메리까 미국
ประเทศจีน 쁘라텟 찐 중국
ภาษาจีน 파싸 찐 중국어
ประเทศญี่ปุ่น 쁘라텟 이뿐 일본
ภาษาญี่ปุ่น 파싸 이뿐 일본어

성격과 용모

นิสัยดี 니싸이 디 성격이 좋다
ใจดี 짜이 디 친절하다
สุภาพ 쑤팝 공손하다
ขยัน 카얀 부지런하다
ขี้เกียจ 키 끼얏 게으르다
ฉลาด 찰랏 영리하다
ใจร้อน 짜이 런 성급하다
ใจเย็น 짜이 옌 침착하다, 냉정하다
ใจกว้าง 짜이 꽝 마음이 넓다
น่ารัก 나락 사랑스럽다
สวย 쑤어이 예쁘다
หล่อ 러 잘생기다
อ้วน 우언 뚱뚱하다
ผอม 펌 마르다, 여위다
สูง 쑹 키가 크다
เตี้ย 띠아 키가 작다

신체

หัว 후어 머리

คอ	커	목
ท้อง	텅	배
แขน	캔	팔
ขา	카	다리
มือ	므	손
นิ้ว	니우	손가락
ไหล่	라이	어깨
หลัง	랑	등
หน้าอก	나옥	가슴
เข่า	카오	무릎
ผิว	피우	피부
กล้าม	끌람	근육
หัวใจ	후어 짜이	심장
กระเพาะอาหาร	끄라퍼 아한	위
ปาก	빡	입
ลิ้น	린	혀
หู	후	귀
ผม	폼	머리카락

방향

ทางใต้	탕 따이	남쪽
ทางเหนือ	탕 느어	북쪽
ทางซ้าย	탕 싸이	왼쪽
ทางขวา	탕 콰	오른쪽
บน	본	위
ล่าง	랑	아래
หน้า	나	앞
หลัง	랑	뒤
ใน	나이	안
นอก	넉	바깥
ตรงกลาง	뜨롱 끌랑	중간
ใกล้	끌라이	가깝다
ไกล	끌라이	멀다
ตรงไป	뜨롱 빠이	똑바로 가다

색

สี	씨	색깔
สีขาว	씨 카우	흰색
สีดำ	씨 담	검은색
สีแดง	씨 댕	빨간색
สีน้ำเงิน	씨 남응언	파란색
สีเหลือง	씨 르엉	노란색
สีเขียว	씨 키여우	초록색
สีฟ้า	씨 퐈	하늘색
สีม่วง	씨 무엉	보라색
สีชมพู	씨 촘푸	분홍색
สีน้ำตาล	씨 남딴	갈색
สีเทา	씨 타오	회색

아픔

โรค	록	병
อาการ	아깐	증상
ไข้หวัดใหญ่	카이 왓 야이	독감
เป็นหวัด	뻰 왓	감기 걸리다

필수 어휘

มีไข้ 미 카이		열이 있다
ไอ 아이		기침하다
ท้องเสีย 텅 씨아		설사하다
ภูมิแพ้ 품패		알레르기
ปวดหัว 뿌엇 후어		두통
ปวดท้อง 뿌엇 텅		복통
อาหารเป็นพิษ 아한 뻰 핏		식중독
ยา 야		약

일상 물품

เสื้อผ้า 쓰어 파		옷
เสื้อยืด 쓰어 이읏		티셔츠
กางเกง 깡 껭		바지
กระโปรง 끄라 쁘롱		치마
กางเกงยีนส์ 깡껭 인		청바지
ชุดสากล 춧 싸꼰		양복
ชุดชั้นใน 춧 찬 나이		속옷
สบู่ 싸부		비누
เครื่องซักผ้า 크르엉 싹파		세탁기
เตารีด 따오 릿		다리미
เครื่องดูดฝุ่น 크르엉 둣푼		청소기
แอร์ 애		에어컨
พัดลม 팟롬		선풍기
ทีวี 티위		TV
เก้าอี้ 까오 이		의자
โต๊ะ 또		테이블
หมวก 무억		모자
กระเป๋า 끄라 빠오		가방
ปากกา 빡까		펜
หนังสือ 낭쓰		책
โทรศัพท์ 토라쌉		전화
มือถือ 므트		휴대폰
เบอร์โทรศัพท์ 버 토라쌉		전화번호

음식과 음료

ข้าว 카우		밥
ก๋วยเตี๋ยว 꾸어이 띠여우		국수
ขนมปัง 카놈 빵		빵
อาหารเช้า 아한 차오		아침 식사
อาหารกลางวัน 아한 끌랑완		점심 식사
อาหารเย็น 아한 옌		저녁 식사
ของหวาน 컹완		후식
อาหารว่าง 아한 왕		간식
ผลไม้ 폰라마이		과일
ขนม 카놈		과자
นม 놈		우유
น้ำส้ม 남쏨		주스
กาแฟ 까풰		커피
อร่อย 아러이		맛있다
เค็ม 켐		짜다
หวาน 완		달다
เปรี้ยว 쁘리여우		시다
เผ็ด 펫		맵다

달력

วันจันทร์	완짠	월요일
วันอังคาร	완앙칸	화요일
วันพุธ	완풋	수요일
วันพฤหัส	완파르핫	목요일
วันศุกร์	완쑥	금요일
วันเสาร์	완싸오	토요일
วันอาทิตย์	완아팃	일요일
มกราคม	목까라콤	1월
กุมภาพันธ์	꿈파판	2월
มีนาคม	미나콤	3월
เมษายน	메싸욘	4월
พฤษภาคม	프릇싸파콤	5월
มิถุนายน	미투나욘	6월
กรกฎาคม	까라까다콤	7월
สิงหาคม	씽하콤	8월
กันยายน	깐야욘	9월
ตุลาคม	뚤라콤	10월
พฤศจิกายน	프릇싸찌까욘	11월
ธันวาคม	탄와콤	12월

어휘 정리

ㄱ

가다	ไป
가렵다	คัน
가루약	ยาผง
가르치다	สอน
가방	กระเป๋า
가볍다	เบา
가수	นักร้อง
가을	ฤดูใบไม้ร่วง
가장	ที่สุด
가족	ครอบครัว
가지고 있다	มี
가지다	เอา
간식	อาหารว่าง
간호사	นางพยาบาล
감기약	ยาแก้หวัด
감기에 걸리다	เป็นหวัด
거기	ที่นั่น
거주하다	อาศัย
걱정하다	ห่วง
건조하다	แล้ง
검은색	สีดำ
게임하다	เล่นเกม
겨울	ฤดูหนาว
결혼하다	แต่งงาน
경찰	ตำรวจ
계절	ฤดู
고마워(동년배, 손아랫사람에게)	ขอบใจ
고맙다(일반인, 연장자에게)	ขอบคุณ
고아	กำพร้า
고향	บ้านเกิด
골목길	ซอย
골프	กอล์ฟ
골프 치다	ตีกอล์ฟ
공무원	ข้าราชการ
과일	ผลไม้
과자	ขนม
괜찮다	ไม่เป็นไร
귀찮게 하다	รบกวน
굉장히	จัง
교수	อาจารย์
교환하다	เปลี่ยน
구름	เมฆ
구월	กันยายน
국립	แห่งชาติ
국수	ก๋วยเตี๋ยว
군인	ทหาร
굽다	ย่าง
귀	หู
귀엽다	น่ารัก
그	เขา
그것	นั่น
그곳	ที่นั่น
그녀	เธอ
그들	พวกเขา
그러고 나서, 그 다음에	แล้วก็
그러면	งั้น
그러면(접속사)	แล้ว
그림 그리다	วาดภาพ
금요일	วันศุกร์
기간	ช่วง
기다리다	รอ
기름지다	มัน

기말	ปลายภาค
기자	นักข่าว
기차	รถไฟ
기침약	ยาแก้ไอ
기침하다	ไอ
기후, 공기	อากาศ
까지	ถึง
꽉 끼다	คับ
끄다	ปิด
끓이다	ต้ม
끝나다, 마치다	เสร็จ

ㄴ

나	ฉัน
나(남성)	ผม
나(여성)	ดิฉัน
나라, 국가	ประเทศ
나쁘다	เลว
나이	อายุ
낚시하다	ตกปลา
날, 일	วัน
남동생	น้องชาย
남부	ภาคใต้
남자 상인	พ่อค้า
남편	สามี
낮에	ตอนกลางวัน
내년	ปีหน้า
내일	พรุ่งนี้
너희들	พวกคุณ
네비게이터	เนวิเกเตอร์
노란색	สีเหลือง
노래	เพลง
노래하다	ร้องเพลง
놀러 가다	ไปเที่ยว
농구	บาสเกตบอล
누구	ใคร
눈	หิมะ
눈이 내리다	หิมะตก
뉴스	ข่าว
느끼다	รู้สึก
느리다	ช้า
늦다	สาย

ㄷ

다림질하다	รีดผ้า
다시, 또	ใหม่
다음	หน้า
다음 달	เดือนหน้า
다음 주	อาทิตย์หน้า
달	เดือน
달다	หวาน
닭고기	เนื้อไก่
당, ~마다	ละ
당신, ~씨	คุณ
대학생	นักศึกษา
더	อีก
덥다	ร้อน
~도 된다	ก็ได้
~도 역시	ด้วย
돕다	ช่วย
돼지고기	เนื้อหมู
두통약	ยาแก้ปวดหัว
뒤(쪽)에	(ข้าง)หลัง
듣다	ฟัง

들다	ถือ
들을 만하다	น่าฟัง
등산	การปีนเขา
따끔거리다, 쓰리다	แสบ
따뜻하다	อบอุ่น
딸	ลูกสาว
떠나다	ลา
떨어지다	ตก
떫다	ฝาด

ㄹ

~라고	ว่า
라오스	ประเทศลาว
라오스어	ภาษาลาว
라오스인	คนลาว
레몬, 라임	มะนาว

ㅁ

막내	ลูกคนสุดท้อง
만나다	เจอ /พบ
~만 있다	มีแต่
많다, 많이	มาก
맏이	ลูกคนโต
맑다	แจ่มใส
맛	รสชาติ
맛있다	อร่อย
망고	มะม่วง
망고스틴	มังคุด
맞다	ถูก
매년	ทุกปี
매니저	ผู้จัดการ
매달	ทุกเดือน
매우	จัง
매일	ทุกวัน
매주	ทุกสัปดาห์
맥주	เบียร์
맵다	เผ็ด
머리	หัว
먹다	กิน ทาน
먼저	ก่อน
멀다	ไกล
명(수량사)	คน
몇	กี่
모국어	ภาษาแม่
모든 종류	ทุกอย่าง
모자	หมวก
목수	ช่างไม้
목요일	วันพฤหัส(บดี)
무남독녀	ลูกสาวคนเดียว
무섭다	น่ากลัว
무엇	อะไร
무용	รำ
물	น้ำ
물건	สินค้า
물건 사다	ซื้อของ
물약	ยาน้ำ
미국	ประเทศ สหรัฐอเมริกา
미국인	คนอเมริกา
미래를 나타내는 조동사	จะ
미안하다, 실례하다	ขอโทษ
밀크티	ชาเย็น

ㅂ

바깥(쪽)에	(ข้าง)นอก
바나나	กล้วย
바람	ลม
바람이 불다	ลมพัด
반	ครึ่ง
반대편에	ตรงข้าม
발	เท้า
밟다	เหยียบ
밥	ข้าว
방콕	กรุงเทพฯ
방학	ปิดเทอม
배[船]	เรือ
배[腹]	ท้อง
배고프다	หิว
배부르다	อิ่ม
배우	นักแสดง
배터리	แบตเตอรี่
버스	รถเมล์
베이다	บาด
베트남	ประเทศเวียดนาม
베트남어	ภาษาเวียดนาม
베트남인	คนเวียดนาม
변비약	ยาถ่าย
변호사	ทนายความ
보내다	ส่ง
보다	ดู
~보다도	กว่า
보라색	สีม่วง
보통, 평상	ปกติ
볼 만하다	น่าดู
봄	ฤดูใบไม้ผลิ
부끄럽다	น่าอาย
부러지다	หัก
부르다	เรียก
부모의 손위(남자)	ลุง
부모의 손위(여자)	ป้า
부부	สามีภรรยา
북부	ภาคเหนือ
분홍색	สีชมพู
불	ไฟ
불쌍하다	น่าสงสาร
불에 굽다	เผา
붓다	บวม
붙다, 달라붙다	ติด
비	ฝน
비싸다	แพง
비어 있다	ว่าง
비행기	เครื่องบิน
빠르다	เร็ว
빨간색	สีแดง
빨래하다	ซักผ้า

ㅅ

사업가	นักธุรกิจ
사월	เมษายน
사진 찍다	ถ่ายรูป
산책하다	เดินเล่น
살, 세	ปี
살다, 있다	อยู่
삼륜차	ตุ๊กตุ๊ก
삼월	มีนาคม

삼촌, 고모	อา
상처가 나다	เป็นแผล
새벽	อรุณ
새우	กุ้ง
새해 기간	ช่วงปีใหม่
색	สี
생선	ปลา
생수	น้ำเปล่า
생일	วันเกิด
서로	กัน
서울	กรุงโซล
선물	ของขวัญ
선생	ครู
설거지하다	ล้างจาน
설사약	ยาแก้ท้องเสีย
섬	เกาะ
세일 가격	ราคาลด
소리	เสียง
소리가 크다	ดัง
소화제	ยาช่วยย่อย
쇼를 보다	ดูโชว์
쇼핑하다	ซื้อของ
수리공	ช่างซ่อม
수박	แตงโม
수술하다	ผ่าตัด
수영하다	ว่ายน้ำ
수요일	วันพุธ
수집하다	สะสม
술	เหล้า
쉬다, 멈추다	หยุด
스포츠	กีฬา
슬리퍼	รองเท้าแตะ
습하다	ชื้น
승합차	รถตู้
시	โมง
시간	เวลา
시계	นาฬิกา
시계를 나타내는 수량사	เรือน
시다	เปรี้ยว
시도하다	ลอง
시원하다, 서늘하다, 차갑다	เย็น
시월	ตุลาคม
시작하다	เริ่ม
시험 보다	สอบ
식당	ร้านอาหาร
신용카드	บัตรเครดิต
십이월	ธันวาคม
십일월	พฤศจิกายน
싱겁다	จืด
싸다	ถูก
싸무이 섬	เกาะสมุย
쏭끄란 축제	งานสงกรานต์
쓰다	ขม

ㅇ

아내	ภรรยา
아들	ลูกชาย
아래(쪽)에	(ข้าง)ล่าง ใต้
아마	คง
아버지	คุณพ่อ
아이 / 어리다	เด็ก
아이스 커피	กาแฟเย็น
아이스크림	ไอติม

아침 식사	อาหารเช้า
아침에	ตอนเช้า
아프다	ปวด
아프다, 불편하다	ไม่สบาย
안(쪽)에	(ข้าง)ใน
안개	หมอก
안경	แว่นตา
안녕	สวัสดี
안전벨트	เข็มขัดนิรภัย
알약	ยาเม็ด
알약 등을 세는 수량사	เม็ด
앞(쪽)에	(ข้าง)หน้า
애석하다	น่าเสียดาย
야채	ผัก
약사	เภสัชกร
양말	ถุงเท้า
양자	ลูกบุญธรรม
어느, 어디	ไหน
어디에	ที่ไหน
어떻게	อย่างไร
어떻다	เป็นอย่างไร
어머니	คุณแม่
어머니 날	วันแม่
어제	เมื่อวาน(นี้)
언니/누나	พี่สาว
언제	เมื่อไร
얼마	เท่าไร
얼음물	น้ำแข็งเปล่า
없다	ไม่มี
없어지다	หมด
에어컨	แอร์
엔지니어	วิศวกร
여기, 이곳	ที่นี่
여동생	น้องสาว
여러 날	หลายวัน
여러 달	หลายเดือน
여러 주	หลายสัปดาห์
여러 해	หลายปี
여름	ฤดูร้อนหน้าร้อน
여자 상인	แม่ค้า
역	สถานี
역사	ประวัติศาสตร์
연고	ยาทา
연극 보다	ชมละคร
열이 있다	มีไข้
영국	ประเทศอังกฤษ
영국인	คนอังกฤษ
영어	ภาษาอังกฤษ
영화	หนัง
영화 보다	ดูหนัง
옆쪽에	ข้างๆ
예약하다	จอง
오늘	วันนี้
오다	มา
오렌지 주스	น้ำส้ม
오로지, ~만	เฉพาะ
오른편에	(ข้าง)ขวา(มือ)
오빠/형	พี่ชาย
오월	พฤษภาคม
오후	บ่าย
올해	ปีนี้
옷	เสื้อ
왜	ทำไม
외교관	นักการทูต

외동	ลูกคนเดียว
외삼촌, 이모	น้า
외식하다	ออกไปกินข้าว
외할머니	ยาย
외할아버지	ตา
왼편에	(ข้าง)ซ้าย(มือ)
요리사(남자)	พ่อครัว
요리사(여자)	แม่ครัว
요리하다	ทำอาหาร
요즘	หมู่นี้
용서하다	อภัย
우기	ฤดูฝน
우리	เรา
우유	ขนม
우표	แสตมป์
운동선수	นักกีฬา
운동하다	ออกกำลังกาย เล่นกีฬา
운전사	คนขับรถ
운전하다	ขับรถ
월요일	วันจันทร์
위(쪽)에	(ข้าง)บน
유감이다	เสียใจ
유월	มิถุนายน
육군	ทหารบก
은행원	พนักงาน ธนาคาร
음료수	เครื่องดื่ม
음식	อาหาร
음악회	งานแสดงดนตรี
~의	ของ
의사	หมอ
이것, 이사람	นี่
이다	เป็น
~이라면 좋다	ก็ดี
이름	ชื่อ
이번 달	เดือนนี้
이번 주	อาทิตย์นี้
이번 토요일	วันเสาร์นี้
이상하다	แปลก
이월	กุมภาพันธ์
인가요?	หรือ
일, 사건, 이야기, (영화)제목	เรื่อง
일년 내내	ทั้งปี
일본	ประเทศญี่ปุ่น
일본어	ภาษาญี่ปุ่น
일본인	คนญี่ปุ่น
일요일	วันอาทิตย์
일월	มกราคม
일하다	ทำงาน
읽다	อ่าน
읽을 만하다	น่าอ่าน
입	ปาก

ㅈ

자녀	ลูก
자정	เที่ยงคืน
작년	ปีที่แล้ว
잘 맞다	พอดี
잘 익다	สุก
장거리 버스	รถทัวร์
저것	โน่น
저기	ที่โน่น
저녁 식사	อาหารเย็น

저리다, 욱신거리다	เมื่อย
적합하다, 충분하다	พอ
~전에	ก่อน
전혀, 완전히	เลย
전화	โทรศัพท์
전화 걸다	โทรหา
점심 식사	อาหารกลางวัน
접시	จาน
정각, 정확하다	ตรง
~정도, ~만큼	สัก
정말	จริง ๆ
정오	เที่ยงวัน
정치인	นักการเมือง
제시간에, 정시에	ตรงเวลา
제일	ที่สุด
조금, 약간	นิดหน่อย
조절하다	ปรับ
조카, 손주(남자)	หลานชาย
조카, 손주(여자)	หลานสาว
좀	หน่อย
좀, 약간	บ้าง
종류	ประเภท
좋다	ดี
좋아하다	ชอบ
좌석	ที่นั่ง
죄송하다	ประทานโทษ
주	อาทิตย์
주기	รอบ
주부	แม่บ้าน
주사를 맞다	ฉีดยา
주세요	ขอ
중국	ประเทศจีน
중국어	ภาษาจีน
중국인	คนจีน
중하다, 무겁다	หนัก
증상	อาการ
지금	ตอนนี้
지난달	เดือนที่แล้ว
지난주	อาทิตย์ที่แล้ว
지불하다	จ่าย
지상철	รถไฟฟ้า
지하철	รถไฟใต้ดิน
직업	อาชีพ
진통제	ยาระงับปวด
집	บ้าน
짜다	เค็ม

ㅊ

차가 막히다	รถติด
차량	รถ
참다, 인내하다	ทน
책	หนังสือ
청소하다	ทำความสะอาด
초록색	สีเขียว
축구 경기	การแข่งขันกีฬาฟุตบอล
춥다	หนาว
충분하다	พอ
취미	งานอดิเรก
치마	กระโปรง
치아	ฟัน
친구	เพื่อน
친밀하다	สนิท
친척	ญาติ

칠월	กรกฎาคม

ㅋ

카푸치노	คัปปุชิโน
캄보디아	ประเทศกัมพูชา
캄보디아어	ภาษากัมพูชา
캄보디아인	คนกัมพูชา
커피	กาแฟ
케이크	เค้ก
켜다	เปิด
코가 막히다	คัดจมูก
콧물이 나다	มีน้ำมูก
키가 크다	สูง
킥복싱	มวยไทย

ㅌ

탁구	ปิงปอง
태국	ประเทศไทย
태국어	ภาษาไทย
태국 음식	อาหารไทย
태국 사람	คนไทย
태풍	พายุ
택시	แท็กซี่
테이블	โต๊ะ
토요일	วันเสาร์
튀기다	ทอด
TV 보다	ดูทีวี

ㅍ

파란색	สีน้ำเงิน
파파야	มะละกอ
판매원	พนักงานขาย
팔다	ขาย
팔월	สิงหาคม
펜	ปากกา
편리하다	สะดวก
포장하다	ห่อ
표	ตั๋ว
프랑스	ประเทศฝรั่งเศส
프랑스어	ภาษาฝรั่งเศส
프랑스인	คนฝรั่งเศส
프로그램	รายการ
피아노 치다	เล่นเปียโน

ㅎ

하게 하다	ทำให้
하고 싶다	อยาก
하늘	ฟ้า
하루, 일일	วันเดียว
하루 종일	ทั้งวัน
학생	นักเรียน
한 적이 있다	เคย
한 주 내내	ทั้งสัปดาห์
한국	เกาหลี
한국 드라마	ละครเกาหลี
한국어	ภาษาเกาหลี
한국인	คนเกาหลี
한달 내내	ทั้งเดือน
한편 ~는(접속사)	ส่วน
할 수 있다	ได้
할 필요가 없다	ไม่ต้อง
할머니	ย่า
할아버지	ปู่

함께	กัน
해산물	อาหารทะเล
해야 한다	ต้อง
해열제	ยาแก้ไข้
행운을 빌게요	โชคดี
향기롭다	หอม
현금	เงินสด
형제 자매	พี่น้อง
혼자	คนเดียว
홍수가 나다	น้ำท่วม
화요일	วันอังคาร
회, 차, 번	ครั้ง
회사	บริษัท
회사원	พนักงานบริษัท
회색	สีเทา
후식	ของหวาน
휴일	วันหยุด
흐리다	ครึ้ม
흰색	สีขาว

착! 붙는 태국어 독학 첫걸음

초판 발행	2024년 3월 27일
초판 2쇄	2025년 9월 27일
저자	황정수
편집	김아영, 권이준, 윤상희
펴낸이	엄태상
디자인	권진희, 이건화
표지 일러스트	eteecy
조판	이서영
콘텐츠 제작	김선웅, 조현준, 장형진
마케팅 본부	이승욱, 노원준, 조성민, 이선민, 김동우
경영기획	조성근, 최성훈, 김로은, 최수진, 오희연
물류	정종진, 윤덕현, 신승진, 구윤주
펴낸곳	시사북스
주소	서울시 종로구 자하문로 300 시사빌딩
주문 및 교재 문의	1588-1582
팩스	0502-989-9592
홈페이지	www.sisabooks.com
이메일	book_etc@sisadream.com
등록일자	1997년 12월 24일
등록번호	제2014-000092호

ISBN 978-89-402-9396-6 13730

* 이 책의 내용을 사전 허가 없이 전재하거나 복제할 경우 법적인 제재를 받게 됨을 알려 드립니다.
* 잘못된 책은 구입하신 서점에서 교환해 드립니다.
* 정가는 표지에 표시되어 있습니다.